沈茂德 著

关注第一课堂

南京师范大学出版社

图书在版编目（CIP）数据

关注第一课堂 / 沈茂德著. — 南京：南京师范大学出版社，2023.10

ISBN 978-7-5651-5675-5

Ⅰ.①关… Ⅱ.①沈… Ⅲ.①儿童教育-家庭教育 Ⅳ.①G782

中国国家版本馆 CIP 数据核字（2023）第 006449 号

书　　名	关注第一课堂
著　　者	沈茂德
策　　划	姜爱萍
责任编辑	翟姗姗
出版发行	南京师范大学出版社
地　　址	江苏省南京市玄武区后宰门西村 9 号（邮编：210016）
电　　话	（025）83598919（总编办）　83598412（营销部）　83598009（邮购部）
网　　址	http://press.njnu.edu.cn
电子信箱	nspzbb@njnu.edu.cn
照　　排	南京凯建文化发展有限公司
印　　刷	南京新世纪联盟印务有限公司
开　　本	787 毫米 ×960 毫米　1/16
印　　张	16.75
字　　数	233 千
版　　次	2023 年 10 月第 1 版
印　　次	2023 年 10 月第 1 次印刷
书　　号	ISBN 978-7-5651-5675-5
定　　价	80.00 元

出版人　张　鹏

南京师大版图书若有印装问题请与销售商调换

版权所有　侵犯必究

序一
丛中笑

家庭文化是孩子成长的根

  为沈校长新书作序，我感到十分荣幸。五一放假期间，我拜读了沈茂德校长的大作，深受感染，也很有共鸣。

  沈校长怀着对教育事业的热爱，对孩子们满腔热忱的挚爱，将自己从教40多年的深刻体会、对孩子成长规律的感悟进行总结和提炼，为家长奉献了这本难得的好书。家庭教育确是一个复杂的问题，孩子的成长犹如茫茫大海上的航船，需要指引的航标，而许多家长正处于困惑和迷惘中。这本书恰好带来了许多建议和启发，阅读它，会帮助家长答疑解惑、缓解焦虑，找到教育的真谛。

  在孩子的教育备受关注的今天，家长们确实产生了许多困惑。比如，家庭教育的责任是什么，是给孩子提供丰富的物质条件？是寻找名校名师？是培养广泛兴趣、学习多种技能？再如，用什么方法能取得好的教育效果，是奖励？惩罚？或其他？又如孩子学习成绩不好怎么办？等等。沈校长以他丰富的经验、睿智的见解、生动的语言，深入浅出地回答了这些疑问，让读者读来产生一种拨云见日的顿悟之感。

  家庭教育的一些道理可谓老生常谈，家长听多了会不以为然，能够入心入脑、付诸行动的并不多，不是因为道理不好，而是没有讲透，没有触动心灵。要讲透家庭教育的道理，不仅需要坚实的理论功底，更需要理论联系实际的实践功底，沈校长做教师、做校长、担任大量社会职务，所有这些经历，加上他对教育的敏锐观察和独到见解，使他讲理论不枯燥，讲实例不肤浅。他以大量的实例为依托，循着孩子成长的轨迹，娓娓道来，贴近场景、贴近生活、贴近家长，让读者有一种身临其境的感觉，容易引起共鸣，有很强的感染力和说服力。家长们读到这本书会受到很多启发，会反思自己的教育，自觉地调整教育策略。

沈校长作为一名资深的校长，本就对学校教育如数家珍，可是他又对家庭教育"情有独钟"，提出了许多真知灼见。他以大量的篇幅充分论证了家庭教育的重要性、不可替代性和时效性。家庭教育是"底色"教育，为孩子成长打基础，正所谓"基础不牢地动山摇"。家庭教育的影响会很长久，甚至影响孩子的一生。但是家庭教育发挥作用却是有关键期的，孩子年龄越小家庭的影响就越大，家长应该抓住这个关键阶段，否则会事倍功半。学校教育固然重要，但是它代替不了家庭教育，家长万不可以为，给孩子找一个好幼儿园、好学校就可以撒手不管了。沈校长以一名资深教育专家的亲身经历，阐释了家长一定要重视家庭教育这个最基本、最关键，也是最易忽视的道理。

这本书分为七个章节，从给年轻父母的一封信开始，提出五个相信，最后以给年轻父母的八条教育忠告结束。构思很新颖，内容既有针对性，又很实用。沈校长边提问题、边讲道理、边给方法，思绪连贯、一气呵成，让人读起来就放不下。沈校长思路开阔、视野宽广，不拘泥一个时段、一个空间，列举的实例栩栩如生，讲的道理言简意赅。

沈校长重视家庭教育，这与他重视人性教育和人的发展的教育理念分不开。作为校长，他关心的是孩子的发展和幸福，而不是以学习成绩作为标准的学校业绩。我曾与一些校长聊起过家庭教育，他们会摇着头说，现在学校的任务太重了，什么都得管，哪还有精力再去关注家庭教育。沈校长认为，孩子接受教育主要在学校，但只有学校、家庭、社会三者形成合力才能达到育人的最佳效果。学校教师、校长在家长心中有一定的教育权威性，教育工作者应该发挥专业引导作用，帮助家长认识家庭教育的基本方法。由此，学校重视家庭教育、引导家庭教育显得特别重要。沈校长很早就开始关注家庭教育，笔耕不辍，为家长奉献一本本图书，实在难能可贵。

党的二十大报告明确提出要加强家庭家教家风建设，健全学校家庭社会协同育人机制。2023年1月，教育部等十三个部门颁布了《关于健全学校家庭社会协同育人机制的意见》，我国家庭教育又进入一个崭新的发展阶段。随着社会的发展和进步，政府、学校、家庭、社会对家庭教育越来越重视，家长也亟须阅读管用的好书籍。沈校长的这本书恰逢其时，相信家长们会深受启发、从中获益。

中国儿童中心党委书记、中国家庭教育学会副会长　丛中笑

序二

肖远骑

家庭文化，奠定孩子一生的习惯

手里捧着沈茂德先生邮来的书稿，我的眼前似乎看到了万顷碧波，水天一色的太湖，远山如黛，湖水安澜……这风光旖旎的太湖山水，让我心潮久久不能平静……

认识沈茂德校长是在20年前，那时，我刚到北京人大附中不久，学校举办全国超常教育年会，沈校长在大会上介绍了天一中学几十年培育超常儿童的探索。他说："培养人和种花木一样，首先要认识花木的特点，要区别不同情况给以施肥、浇水和培养，这叫因材施教。培养超常儿童，首先要研究超常人才的特质……做教育，要像农夫种庄稼一样，要有足够的耐心，摸透了庄稼的成长规律，才会有收获……"这些话给了我极大的启发，我内心认为，沈校长是一个深爱教育的人！他以得天下英才教育而乐。我和沈校长，有点相见恨晚。从此，我们成了同道，成了好友……

我和沈校长有一个共同的爱好，都喜欢以教育为原点，在教学、研究、实践中体悟教育的道理，做教育的实践家。沈校长每有体会，他会把文章、感想分享给我。我曾经把他的诸多文章推荐给《中国教育报》的编辑，让更多的人看到。这次，他把此书的文稿发给我，嘱托我写篇序言，这是沈校长对我的厚爱，我因此得以先睹为快。

在这本书中，沈校长提出了家庭是学生的"第一课堂"的观点。他说："家长是孩子永不退休的班主任""父母要做好第一任老师和永远的班主任""要相信'每一个孩子都是一座金矿'""要相信孩子有无限的发展潜能,要赏识他,发现他的长处"……沈校长说:从教育意义上讲,家庭教育就是要父母在常态生活中影响和引导孩子走向光明的远方;从成长意义上讲,孩子的成长史,其实就是家庭生活的进行时,每一天的家庭生活就是真实的家庭教育。家庭教育最关键的内涵,就是读懂孩子,家长对孩子的成长要有足够的耐心。父母要在常态生活中,让孩子每天看到真实的优秀。家庭生活中,父母应该做一个好爸爸,做一个好妈妈,用自己真实的言行为孩子们树立一个标杆,在家庭生活中潜移默化地优化孩子们的性格与习惯,培植孩子们的兴趣、梦想、价值观……

　　这本书,是沈校长许多年家庭教育研究的总结。近20年来,沈校长追踪了近千名优秀孩子的成长,研究他们的成长历程,发现这些优秀的学生拥有共同的核心素质——兴趣、梦想、习惯(广泛阅读、生活朴素、学习勤奋、思维活跃)、性格(阳光、执着、合作)、视野(阅读、行走、交友)。沈校长认为,孩子们的成长案例揭示了一个基础性的真理,即每天在影响和改变着孩子方方面面素质的基本力量,就是家庭文化。所谓家庭文化其实就是父母在真实生活中的一举一动、一言一行的总和。可以确认,父母在家庭生活中,在孩子面前的一举一动、一言一行,就是孩子成长的"方向标"和"教科书"。

　　这本书,是沈校长家庭教育研究的结晶。沈校长强调,很多时候孩子们犯错并不都是孩子们的错,而是很多家长没有深刻认识:教育有一种基本形式,叫陪伴,好多家长因为功利的忙碌,以物质的给予替代了亲子情感的交融;教育的基本途径叫沟通,好多家长不喜欢,也不善于蹲下身子,更缺乏耐心倾听孩子们心中成长的苦恼。沈校长强调,好多家长没有认识到,每个孩子都是情感的生命灵物,在成长的过程中,孩子在不同时段会有不同的困惑，他们的内心会有自己的想法、自己的思考……沈校长希望家长一定要多花一点时间陪伴孩子，参与他们的成长过程，蹲下身来和孩子沟通……

在这本书里，沈校长还赠予所有的家长和孩子五把成长的金钥匙：

自信——每一个孩子都是一座金矿。

梦想——心中有座山。

性格——关注性格比关注成绩更重要，让孩子拥有阳光的性格，热爱家人、热爱同学、热爱学习、热爱学校、热爱生活……

习惯——好习惯好人生。

坚持——每天进步一点点。

沈茂德校长自称农夫，却没有把学生称作庄稼。他对学生的昵称"金矿"，倒很有地理老师的本色。在沈茂德的眼里，每个孩子都是一座金矿，每个孩子都具有无限发展的可能，学校和教师要以热腾腾的情感去鼓励、支持、帮助孩子们发展潜能。而孩子们也美滋滋地接受了这个称呼，并投桃报李，给了校长一个雅号——"矿长"！

阅读沈茂德校长的这本书，你会更加明白：教育是什么？学校是什么？教师是什么？学生是什么？课程是什么？课堂是什么？学校究竟因谁而美丽？家长是什么？家庭教育本义是什么？……

沈校长是教育的理想主义者，但我一定要说，正因为教育工作者有理想，才能培养"有理想的学生"！诚如我在《中国教育报》上发表的文章《校园的上空要飘扬理想的旗帜》！

是为序。

中国人民大学附属中学原副校长、著名语文特级教师　肖远骑

自序

沈茂德

"第一课堂"奠定孩子的关键素养

走上教育岗位后,专注于课堂学科教学10多年,备课的重点是研究教材和教学方法,勤奋于校内外听课和期刊的专业学习,吸收了不少优秀教师的教学智慧。在这一过程中,渐渐深悟了"教学相长"的教育蕴意,从此开启了对优秀学生成长和问题学生归因的范例性研究,在众多范例研究中,更深悟了家庭文化对孩子成长,尤其是对孩子性格、习惯的养成有着奠定性的影响。

走上管理岗位后,有了与许多班主任的深度交流,有了许多与家长关于孩子成长的交流,以及多次与中外校长们关于素质教育的讨论,渐渐地有了"家庭教育既是培育孩子道德根系的教育,更是决定孩子人生高度的'第一课堂'"的认识……

当选区、市、省人大代表以后,我参加了许多次关于优化家庭教育的各种讨论,也参与了江苏省人大常委会关于《江苏省家庭教育促进条例》的审议讨论,在这些活动中,我看到了各级政府对优化家庭教育,提升家庭教育品质的社会性呼唤……

但真正深刻触动我写作这本书的"内驱力"应该是两种场景(家长会议、公益讲座)带给我的震撼——那么多不同年龄的家长、长辈们在会场内专注聆听,会议结束后又有无数的求助性咨询。作为资深的教育工作者，我感到了一种深深的压力。无论是年轻的爸爸妈妈，还是年长的外公外婆、爷爷奶奶，似乎都遇到了关于孩子成长的一些困惑，似乎都在希望教育工作者能给予一些专业性的帮助……

2015年，江苏凤凰科技出版社出版了我的第一本关于家庭教育的专著《家庭教育是什么？》。该书得到了包括教育工作者在内的许多读者的好评……母校校友南京师范大学出版社姜爱萍主编多次鼓励我，"你有这么长时间的教育经历，应该形成更多的教育经验分享"。江苏省天一中学、无锡狄邦文理学校的众多家长以及许多听过我公益讲座的家长，都希望我进行更多的经验性分享……近几年，稍有空隙，便静心思考，于是有了这一本新书。

家庭教育是一项艰深、复杂的教育课题，本书仅是个人多年从事教育工作、参加各类访谈的经历性感悟，希望能给读者，尤其是年轻的父母一些帮助，但囿于个人经历和认识的局限性，其中谬误和不当的存在是难免的，期望得到广大读者们的批评指正和谅解。

在本书的写作过程中，江苏省天一中学、无锡狄邦文理学校部分同事以及部分兄弟学校校长同行，一些家长、学生，为我提供了许多鲜活的范例性素材。在本书的文稿整理中，无锡狄邦文理学校办公室张琰主任付出了艰辛的劳动，在此一并致谢。

江苏省天一中学原校长，现无锡狄邦文理学校中方校长　沈茂德

目录

1　第一章
　　给年轻父母的一封信

15　第二章
　　我们相信:"印刻效应"决定着儿童的成长高度

41　第三章
　　我们相信:最真实的素质教育,正潜行在每天的"家庭课程"中

77　第四章
　　我们相信:不同学段的孩子成长中,应有不同的教育关键词

99　第五章
　　我们相信:好妈妈,才有好孩子

145　第六章
　　我们相信:有一种事业叫父亲

189　第七章
　　给年轻父母的八条教育忠告

第一章 给年轻父母的一封信

年轻的爸爸妈妈，讨论关于家庭教育的话题，总会有一种沉重感。

因为家庭教育不是一件轻松的事情，做一个好爸爸、好妈妈更不是容易的事情。但对孩子的培养，于你们而言，既是为父为母的责任，更是一项伟大的事业。在我看来，没有什么比孩子们的健康成长更重要的了。

大学毕业后，我一直在学校工作。40多年来，我见证了无数孩子的成长，积累了很多优秀孩子成长的素材。本书基于许多优秀孩子成长的范例分析，和年轻的爸爸妈妈进行重视家庭教育、优化家庭教育的专题讨论，提出一些观点和建议，供广大读者参考。

积40多年的教育经历，经过对近千名优秀孩子成长的范例研究，我得出这样的结论：家庭生活对孩子们来说，是一种彻头彻尾的浸泡，其最终结出的果实是酸还是甜，就在这种印刻性的浸润中形成。如果孩子在家庭生活中没有养成"三好"（身体好、性格好、习惯好），那么，这个孩子就很可能成为所谓的"问题孩子"；如果孩子在家庭生活中养成了坏身体、坏性格和坏习惯，那么，无论学校的教师和校长多么能干，他们也很难从根本上改变孩子。

今天，孩子的教育问题已成为每一个家庭的核心问题。爷爷奶奶、外公外婆、爸爸妈妈都竭尽所能地帮助孩子健康成长，更期盼孩子能够卓越发展。许多父母希望孩子实现自己没有实现的人生梦想，甚至期盼孩子能够成就整个家族的重望。

作为校长，每次召开家长会，我都有很大的压力。报告厅总是座无虚席，很多时候就连过道也站满了人。爸爸妈妈来了，爷爷奶奶、外公外婆也来了。会议中，不仅所有的家长都在聚精会神地聆听，许多父母还在认真记着笔记，甚至还有很多家长用录音笔录音、用手机摄像，唯恐遗漏了我说的任何一个字。会议结束后，家长又总是里三层外三层地将我团团围住，咨询各种教育问题，还有很多家长索要讲座PPT（演示文稿）。在一次讲座后，有一位家长把我对家长的九点忠告发布在了微信朋友圈，几天内，这条朋友圈就传遍了国内外。无数家长们焦虑的眼神、虔诚的内心，使我深深感到，在中国，作为一名教育工作者，不仅承担着教书育人的职业责任，更肩负着无数家长望子成龙、望女成凤的无限寄托。

近30年的校长岗位实践，我收到了数千封家长来信。这些信，既承载着家长们对我的深深信任，也带来了家长们的许多教育困惑。每一封信我都会认真阅读，从中，我不仅读到了家长们"望子成龙、望女成凤"的期盼，也读到了很多家长的教育智慧。对前者，我很能够理解；对后者，我也觉得很欣慰。但此外，还有很大一部分信件内容则让我感到无法轻松。

一位家长说："我深爱着自己的孩子，生活中我也非常关心孩子的成长，为了孩子的健康与进步，无论是精力还是物力，我都尽了最大的努力，但孩子的现状总令我失望。这孩子为什么总是不上进呢？"

一位家长这样写道："老师常常反映我的孩子缺少梦想、缺乏追求，学习习惯也不太好。在家庭日常生活中，孩子也常常不懂事，对父母也不太尊重，甚至还会做出一些叛逆的事。我们真的很痛心。我该怎么办？"

……

与家长无所适从、紧张担忧相对应的，是我在与孩子们交流时，感受到的孩子们诸多的不满意、不领情。孩子们不满意家长只关心自己的学习，而对自己的兴趣需求、成长困惑充耳不闻；孩子们不满意家长总是要求自己去做这做那，而从不留意孩子们心中真正想做什么……在一些家庭中，父母长期缺乏与孩子之间平等、坦诚的交流，有一些父母以工作忙为理由，给予了孩子物质性的关怀，却没有时间进行精神上的陪伴，于是，这些不满意在孩子心中渐渐转变成了怨意甚至恨意。

近些年引起巨大社会轰动的"药家鑫事件""马加爵事件""李刚事件""十岁女童摔打邻家男童事件"……让我们不断惊呼："现在的孩子怎么了？这些本该如天使般纯真的孩子怎么会有着恶魔一样的行为呢？"

很多家长认为选择一所好学校，就是为孩子开启了灿烂的前程。开学初，常有家长这样说："沈校长，今天起孩子就交给学校了，孩子的成长全靠老师啦。"这些话语凸显着家长对名校的迷信，也凸显着家长对某些教育观点的盲从。

为什么在家长对孩子教育越来越重视的今天，孩子成长中的种种问题不仅没有减少，反而越来越复杂、越来越普遍化了呢？我常常在思考这个问题。

2012年4月，我收到无锡地区广播电台资深的教育谈话节目主持人北燕寄给我的一封信，她在信中忧心忡忡地写道：

沈校长：

您好！

如果您打开了这封信，我恳请您花一点时间将它看完——只为那些因家长教育无方而备受伤害和折磨的孩子，为那些爱子如命却教导无法的家长，为苦于家校配合不畅而无法实现"1+1＞2"的老师们。

"孩子成长的质量在一定程度上取决于其家庭教育的环境和质量"，"中国的教育改革目前亟须优化的是家长的教育"……相信您一定也认同这样的说法。我做过15年的中学教师，也做了15年广播电台教育谈话类节目。我是一个有着28年"母龄"的女人，深知做家长尤其是在中国做家长的困惑和艰难。15年的谈话节目让我接触了成百上千的学生和家长，更让我知道，在中国，"家长"这份职业让多少孩子的生活质量大打折扣，学校教育又是那么需要家长的有效配合，而却有一些家长的"配合"几乎是负效应……一句话，家庭教育指导势在必行。

是的，拨开家庭教育的误区，传播正确的家庭教育理念，普及有效的家庭教育方法，势在必行！

2019年3月，江苏省人大常委会通过了《江苏省家庭教育促进条例》（以下简称《条例》），在前期的讨论中，我作为列席代表参与了省人大常委会对《条例》的审议。《条例》第二章明确了父母在家庭教育中的角色和职责。

2021年8月，十三届全国人大常委会第三十次会议听取了关于家庭教育法草案修改情况的汇报。

2021年10月23日，中华人民共和国主席习近平签署主席令，公布《中华人民共和国家庭教育促进法》已由第十三届全国人民代表大会常务委员会第三十一次会议通过，自2022年1月1日起施行。

《中华人民共和国家庭教育促进法》第二章明确规定了"家庭责任"：

第十四条　父母或者其他监护人应当树立家庭是第一个课堂、家长是第一任老师的责任意识，承担对未成年人实施家庭教育的主体责任，用正确思想、方法和行为教育未成年人养成良好思想、品行和习惯。

共同生活的具有完全民事行为能力的其他家庭成员应当协助和配合未成年人的父母或者其他监护人实施家庭教育。

第十五条　未成年人的父母或者其他监护人及其他家庭成员应当注重家庭建设，培育积极健康的家庭文化，树立和传承优良家风，弘扬中华民族家庭美德，共同构建文明、和睦的家庭关系，为未成年人健康成长营造良好的家庭环境。

习近平主席曾这样说：

"家庭是社会的基本细胞，是人生的第一所学校，不论时代发生多大变化，不论生活格局发生多大变化，我们都要重视家庭建设，注重家庭、注重家教，注重家风。"

可以这样说，重视家庭教育、优化家庭教育已成为国家的一项战略性工作。

本书各章将和年轻的父母共同讨论关于家庭教育的一些基本问题，目的是帮助年轻的父母明确什么是教育，什么是家庭教育等基本问题，促其对良好家庭的基本内涵形成较科学的认识。本书也想通过相关讨论分享做好爸爸、好妈妈的一些智慧。

有一个基本的观点，深刻影响孩子性格、习惯等的养成的绝不是教科书，而恰恰是日常家庭生活中，孩子感受到的父母的一言一行。所有年轻父母必须确认，幼苗生长的根系绝不是语文、数学等学科考试的成绩，而是孩子渐渐生长中的性格与习惯。可以肯定地说，如果家庭生活中没有培育好以性格、习惯为主要内容的"素质根系"，孩子将很难长成一棵蓬勃的大树。

有家长会很自信地说，我为孩子专门聘请了高水平的家教，在孩子的成长中也投入了大量的金钱。但是我可以肯定地告诉你，孩子的成长方向与结果不一定与投入的金钱成正比。我们先展开以下讨论，请年轻的父母对照以下的文字，深思自己的教育行为是否科学。

1. 对家庭生活具有"印刻效应"认识不足，家庭生活中父母并没有注意用自己最好的言行给孩子树立榜样，在孩子成长过程中，对孩子性格的塑造与习惯养成的过程性培养不够重视；

2. 千方百计让孩子挤进重点小学与重点中学，到处寻访名师对孩子进行知识辅导，但没有认识到梦想（内驱力）、兴趣（持久力）等才是孩子前进路上的真正力量；

3. 尚没有认识到广泛的书籍阅读、丰富的大自然游历、品质性媒体的现代数字阅读、人际交往的社会性历练、走进社区的体验性经历等，都是孩子最好的阅读与体验的教科书；

4. 家长对孩子的成长性评价方式简单粗暴，唯成绩、唯名次论。孩子成绩退步家长便勃然大怒；名次靠前家长就给予物质奖励。但很少关心孩子的成长过程，生活中缺少倾听的姿态，缺少与孩子的平等对话与深度沟通，更缺乏价值方向的指导与引导；

5. 对孩子的生活给予了无微不至的物质性照顾，对孩子成长中的一切进行包办代替，孩子遇到困难总是由父母出面去解决，孩子缺失了独立的意识和能力；

6. 迷信"不能让孩子输在起跑线"，缺失了教育的理性与耐心，用短视的功利行为要求孩子的所有行为……不顾孩子的兴趣，盲目地送孩子上各种才艺培训班，孩子忙碌于各种技能性的"等级"训练、特长班学习，缺失了兴趣的选择、缺少了自由成长的空间、缺失了自主成长的快乐，父母还坚定认为是在实施素质教育；

7. 父母的心态浮躁，行为钻营，不相信努力；追求名利，鄙视平凡；仰慕浮华，不愿脚踏实地；

8. 盲目攀比，总是以别家孩子之长，批评自家孩子之短，希望孩子成为"百科全书"，希望孩子事事冒尖……

如果上述行为中有些正是年轻的爸爸妈妈实际的言行，那么，请你们一定要深刻警醒、认真反思。我给予你们这样的提醒：每个孩子都是完全不同的种子，面对孩子的成长，需要有足够的热情和足够的耐心。

我常这样想，将一个苹果切开，可以很容易地数清里面有几粒种子。然而，当一粒粒种子发芽时，谁能说得出哪粒种子能长成多大的大树，哪粒种子长成的大树能结多少苹果？

我曾在工作日记中写过这样一段话：

行走在美丽校园的小道上，犹如重返自己的童年，只要你愿意倾听，就一定会听到风吹树叶如诗一般的声音，细雨蒙蒙中恍如山间泉水叮咚的音乐。亲爱的老师，只要你愿意看，就一定会看到许多生命正在灿烂地成长。

于是在春天里，我常常会感叹，如果每一个孩子都能长成一朵花，长成一棵树，永远是一群飞舞着的蝴蝶该多好。可惜的是，现在太多的孩子，降临这个世界以后，就被父母、家族、学校、社会赋予了太多、太高、太沉重的功利性目标。

教育家陶行知先生早就教育我们：你的教鞭下有瓦特，你的冷眼里有牛顿，你的讥笑中有爱迪生，你别忙着把他们赶跑。你可不要等到坐火轮、点电灯、学微积分，才认识他们是你当年的小学生。

陶行知批评的是教师，但作为家长，你的教育行为是否也存在同样的问题呢？

我非常诚挚地提醒各位年轻的父母，良好家庭教育的基本要求是父母愿意投入时间，陪伴孩子成长。这里说的陪伴，其基础是保证时间的投入，并且在这种投入中需要带着更多的欣赏、更多的支持、更多的鼓励。良好的家庭教育最基本的标志就是孩子始终生活在热腾腾的关怀、鼓励、期盼和帮助之中。

面对个性化的、成长中的孩子，我想问，在生活中，年轻的爸爸妈妈，你是否表现出这样的姿态和言行：始终以热腾腾的情感呵护着孩子的成长，始终以无限的期盼引领着孩子的成长；始终以优秀的教育智慧帮助着孩子的成长，始终以农夫等待丰收的耐心期待着孩子的成熟。

如果你肯定地回答"是"，那可以预见，你的孩子，不仅有幸福的童年，他，一定还会有美好的未来。

请大家认真阅读一位学生的周记：

我理想中的父母，不仅对我有生活上的帮助，而且在我学习的过程中，能更多了解我的成长情况。我不快乐时，需要的不仅仅是父母的安慰，更需要他们的支持，希望他们永远是我的精神支柱。

父母赋予了我们生命，我们应该尊重他们，但同时我又希望父母能够在某些方面对我们更仁慈一点。例如，我在某一次重大考试中没能发挥出自己的正常水平，我希望从父母的口中听到的不是无情的责骂，而是真诚的鼓励，这样才能激发我对学习的兴趣，也会给我无穷无尽的学习动力。因为我知道，无论自己是成功或失败，身后总有两个人永远支持着自己，永远爱着自己。如果父母见到我开口就骂的话，只能增加我的自卑感，好像眼前唯一的一点星光都消失了，觉得自己面前的路是黑暗的，根本不知该往哪里走、该怎样走。我希望每个父母能站在孩子的角度看问题，思考问题。

父母应是我们最信赖的朋友，成长过程中，遇到烦恼的时候，回到家里，能够把胸中的不快倾诉给他们听。父母不会打断我的话语，而是让我畅谈；也不会皱着眉头不耐烦，而是微笑着倾听，直到我讲完，然后轻轻地说："孩子，我们支持你。"他们不是一味地反对我做这做那，为我的将来铺好他们认为的平坦顺畅的道路；而是由我们自己计划自己的将来，体验人生的坎坷，学会跌倒了再爬起来的道理。

我理想中的父母能够经常与我们交流，不以他们的思想来禁锢我，让我有充分的发展空间。

我理想中的父母，应该是很关心我的生活、学习、心理的，而不是只关注我的成绩怎么样、名次是多少，他们更加关注我的进步、我的成长、我的需求、我的兴趣。

正如父母不能选择孩子一样，孩子也不能选择自己的父母。但从孩子们发自内心的倾诉中，年轻的父母是不是可以领悟到许多？我想提醒的是，这其中有很多是年轻的父母应该做到而没有做到的啊！

在长期的教育经历中，我也看到了目前家庭教育中存在的许多教育误区。许多家长都以为，教育，就是把孩子送进学校；教育，就是学校生活和知识学习；教育，就是老师上课以及老师与学生谈话。好多家长甚至以为，帮助孩子成长，就是找一所名校，找一位好班主任；重视孩子的发展就是要极度关注孩子的成绩；素质教育就是要让孩子学弹钢琴、学绘画；成功，就是名次上升，竞赛获奖……

正是在与许多家长的深度交流中，我渐渐开始深入思考这样一些问题：孩子成长中出现的种种问题真的全部是孩子自身的原因吗？孩子的进步与发展真的仅仅受学校和教师的影响吗？孩子的成绩和班级名次是孩子生命成长中最重要的东西吗？

我也常常想：优秀孩子成长中表现出的种种良好素质、良好习惯，真的全是学校、班主任、任课老师的功劳吗？

结合四十多年的教育实践，我可以肯定地说，每一个优秀的孩子，他所有进步的基础其实是父母的循循善引和家庭优秀文化的深刻熏陶。年轻的父母可以坚信，真正把孩子送至人生高速公路入口处的"教师"，一定就是你们。

当然，我也要提醒，一些"问题孩子"的背后，确实存在着种种不良家庭文化的负面影响。所谓"龙生龙，凤生凤"的古训，并不仅指遗传的

力量，更多的是指家庭文化熏陶的力量。

很多父母以"素质教育"的名义对孩子提出了各种各样的才艺性要求，于是，在父母的要求甚至是逼迫之下，孩子们走上了另一种应试之路，许多孩子在并没有兴趣的才艺性"考级"的"应试"路上越走越难。

许多家长尚未深刻认识到，每一个孩子首先是一个生命，生命应该予以尊重；每一个孩子又是一个与众不同的人，他们的个性应予以肯定与支持；每一个孩子又是一个成长中的人，孩子就是孩子，应该允许有各种各样的"调皮"，应该有自由成长的空间，当然，孩子还稚嫩，他也需要成人的帮助与校正。

在面对孩子成长的心态上，在帮助孩子成长的方式上，在教育孩子的智慧上，有一些家长已陷入了深深的误区。如果家长们不从这些误区中走出来，就可能永远缠绕于"剪不断，理还乱"的困惑中。

好多年轻的父母会问，家庭教育该如何做？我想说，家庭教育的基础是儿童立场，就是父母要懂孩子，认识孩子的个性，科学把握孩子成长的方向。生活中，父母应坚持两个基本的教育原则：一是面对孩子的成长，父母应给予足够的教育陪伴，始终呈现热腾腾的情感，让孩子生活在温暖之中；二是在每天的生活中，父母呈现在孩子面前的言行是善良、阳光、向上的。

我想对所有年轻的父母说：儿童的伟大之处就在于发展的可能性。孩子的个性、素质、将来可能达到的人生高度，就在家庭生活的熏陶中，孩子一生的性格与习惯正在你不经意的生活话语中养成。

人的培育十分复杂，孩子的教育绝对是一种高级的艺术。倘若期盼孩子长成一棵棵大树，那你必须认识到种子萌芽必须有温润的"土壤"，幼苗茁壮成长必须有良好的"气候"，而家庭文化，就是"土壤"和"气候"。

——永远站在孩子们的前面，因为你，就是他们前行的"灯塔"！

——永远站在孩子的立场，做孩子的朋友，他们的成长，需要的是理解和激励，需要的是情感与精神的滋养！

——永远站在成长的立场，既要有"静待花开"的耐心，也要有成长比成功更重要的态度。

永远相信，条条大路通罗马，行行出状元……作为一名资深的教育工作者，我想对年轻的父母这样说：家庭生活就是最基本、最真实的素质教育。良好的家庭教育，其实就是父母在每天的生活中，用点点滴滴的细节化言行，潜移默化地培育孩子们的良好性格、良好习惯，奠定孩子们终身发展的道德与人文根系。

❦ 本章关键词

重视家庭教育　优化家庭教育

❦ 本章重点讨论题

1. 家庭教育中应关注的"三好",是指哪三个方面?

2. 年轻的爸爸妈妈,你们对孩子的家庭教育有哪些方面是成功的?还存在哪些认识误区、行为误区?

3. 良好的家庭教育的基本要求和基本标志是什么?

4. 为促进孩子的健康成长,父母的家庭教育行为应符合哪两个基本要求?

第二章

我们相信:"印刻效应"决定着儿童的成长高度

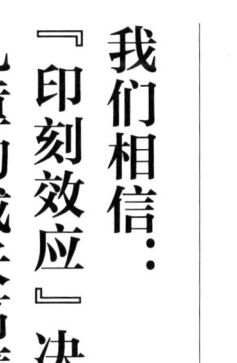

可以肯定地说，一个经常助人为乐的家长一定会拥有一个善良、人人喜欢的孩子，一个经常说谎的家长必将有一个说谎从不脸红的孩子。所以，我想提醒的是，你期望孩子成为什么样的人，你就必须牢记孔子的语录"吾日三省吾身"，让孩子每天看到最好的爸爸妈妈。

我们相信：孩子成长的年轮始于"印刻效应"

在自然界中，没有人类学意义上的学校与教师，大自然就是各类动物的课堂，风霜雨雪、四季变化、掠食与反掠食就是动物生存性学习的基本课程。每一种动物为了生存，除了基因的本能外，学习的主要途径就是同伴间的游戏和模仿父母的行为。在《探索》节目中我们可以看到，无论是"草原霸主"雄狮还是"水沼之王"鳄鱼，乃至"海洋巨无霸"鲸类，每一物种的父母尤其是母亲不仅是物种幼时生存、生活的保护神，更是其立世生存、学会掠食与反掠食的第一任老师和全能老师。

科学家在动物实验中发现，禽类在孵化过程中，当雏鸡、雏鸭、雏鸟破壳而出时，它们都会把第一眼看见的活动物体视作自己的妈妈，并且跌跌撞撞地跟随其后。科学家们把这种现象称为"印刻效应"。

动物界如此，人类社会其实也如此。孩子的语音语调、表达方式、性格、习惯、思维方式等关键素质的培养，同样有着幼年期的"印刻效应"。

每个孩子出生以后，首先模仿的是父母的行为、语调与语言。很多人以为，教育始于学校，孩子的习惯、性格等是在孩子入学以后由老师培养的，这绝对是目前家庭教育中的一大误区。"人之初，性本善"，每个孩子生下来虽外形各有差异，但其人性基本是一样的。而由于家庭教育（家庭文化）的不同，"性相近，习相远"，学校教育的不同，则使孩子的素养与性格方面产生进一步的差异。

在具体的实践中，我们可以清晰地看到家庭文化对孩子影响的基础性、深刻性，甚至是不可逆转性。四十多年的教育经历告诉我，优秀孩子的成长离不开家庭生活的熏陶（所谓的家风），而一些"问题孩子"的行为往往可以溯源于父母的言行（所谓的言传身教）。

每一个孩子的学习都是从模仿开始的。在幼童的眼睛里，爸爸妈妈（现代社会中也包含幼时的其他抚育人）就是世界，生活中，爸爸妈妈就自然成为孩子成长的启蒙性"行为模特"。从睁开双眼、认识世界起，孩子便开始模仿——模仿父母的声音，模仿父母的动作，模仿父母的语言。

我与无锡狄邦文理学校幼儿园 Amy 园长讨论家庭教育时，Amy 园长曾这样说："家长就是一面镜子。孩子在成长中，不仅仅是听父母怎么说，更多的时候是在看父母怎么做，要让孩子更优秀，父母必须让孩子在每天的生活中看到最好的父母。"

苏联教育家苏霍姆林斯基曾有过这样的论断："在孩子生活之初的头几年里，在他的发展中起决定作用的是他周围的人，以及生活中丰富的、多方面的人的关系。"

随着每一个孩子的出生，父母不仅造就了孩子的肉体，也将自己生命的 DNA 遗传给孩子。但更重要的是，在每一个孩子成长的过程中，父母在对孩子日复一日的生活关怀中，在与孩子朝夕相处的过程中，不仅在孩子的生理发育方面发挥了作用，更在潜移默化中影响和决定了孩子的心理

发育，奠定了孩子性格的基本方向和可能保持一生的种种习惯。

儿童最初的模仿还是初级阶段的，如语音、语调、基本行为等，随着生命的成长，孩子会模仿父母的爱好、思维方法、为人处世的方式等，这便是一种更高层次的模仿。红灯亮时，妈妈牵着孩子的小手停在路边，等待绿灯亮，此时，孩子便懂得了秩序；若不等绿灯亮，妈妈就牵着孩子的手匆匆横穿马路，自此之后，孩子对规则就少了敬畏。当爸爸弯下腰，把零钱送给路边的乞丐时，孩子心中便埋下了善良的种子。当爸爸妈妈孝敬长辈时，孝顺也会成为孩子的秉性……这就是人类社会的"印刻效应"。

"印刻效应"是具有奠基性的。从幼童到成年，孩子的语音、语调的形成，性格与习惯等关键素质的培养，始于"印刻效应"。在幼童成长过程中，父母、周边的成人就是"百科全书"。这种幼时的启蒙与浸润式的熏陶，不仅影响深刻，而且可能是继承性、终生性的。

一位专家曾这样说："家庭生活就是复印机，父母的言行是原件，孩子的言行是复印件，父母的一举一动，会深深地烙印在孩子的心底，家庭文化的优劣都会深刻反映在孩子漫长的人生路上。"我认为，这是对家庭教育本质性的深刻认识。

随着社会的发展和进步，人类社会有了真正的学校，更有了系统的课程和教材，有了专门"传道、授业、解惑"的职业教师。但年轻的父母仍然要认识到，孩子在成长过程中，对父母言行的感悟、在家庭生活中的浸润式体验，是在任何学校课程、任何教科书上、任何最优秀的学科教师那里都难以感受到的。

我们可以清楚地看到，父母的种种优良习惯（如喜欢读书、相敬相爱、热爱劳动、尊老爱幼、懂得感恩、融入社会、有责任感等等）均会反映在孩子真实的言行中；父母及家庭生活成员（如爷爷奶奶、外公外婆、保姆阿姨等）的种种不良习惯（如随地吐痰、不善于倾听、不讲礼仪、喜占小便宜等等）同样会间接表现在孩子的一举一动之中。

我曾听外教讲过这样一个故事：

有一个小孩，当他六岁的时候，父亲开车超速被警察抓到。他当时正坐在车上，看见父亲递了一张二十元的美钞给警察。父亲对他说："没问题，大家都这么做。"

八岁那年，在开家庭会议时，每个人都想一些办法来逃税。伯父对他说："没问题，大家都这么做。"

十四岁时，他参加足球比赛，教练教他在阻挡别人时，如何去抓住对方的衣领而让裁判看不到。教练笑着对他说："没问题，大家都这么做。"

十六岁时，他去超市打工，经理告诉他，将过熟的草莓藏在每个盒子的最下层，把好的铺在上面。经理对他说："没问题，大家都这么做。"

十八岁时，他参加毕业考试，有一位学长告诉他，花五十美元可以买到试题答案。学长对他说："没问题，大家都这么做。"

结果，这个孩子的舞弊行为被校方查获，遭学校开除。当他回到家里时，父母、伯伯、教练、经理都来探望他，大家都摇头叹息道："这么乖的孩子，怎么会做出这种事来！"

这个典型范例告诉我们：要让孩子健康地成长，孩子周边的成人都应该做到"勿以善小而不为，勿以恶小而为之"。

当然，年轻的父母还必须认识到，生命本身就为孩子的成长划出了一段他们神经系统的幼年期，这个时期一旦错过，日后便无法弥补。苏联教育家苏霍姆林斯基曾有过这样的论断："孩子在2—7岁期间所处的道德、智力和审美环境十分重要。"

林采宜在其《底色》一书中写过："许多人永远都走不出自己的童年，生命的底色总是在你不谙世事的时候就悄无声息地打好了。"

戴安·伦曼斯在《如果我能再次养大我的孩子》中说："童年不仅是人的根基，而且是人的核心。如同树木一样，那最初的年月被记录在年轮中最核心处，尽管它已被后来的岁月所包围，但那最初的年月仍然发挥着核心作用。童年，就是人这棵树最中心的年轮，是人这棵树的树心，它始终默默地滋养人的一生。"

应该确认，童年形成的生命中的"最初的年轮"，将与人的一生如影随形！

我们相信：家庭生活是彻头彻尾的文化浸泡

无数个孩子的成长案例揭示了这样一个基础性的真理：影响和改变着孩子方方面面素质的基本力量，就是家庭文化，所谓"家庭文化"，其实就是父母在真实生活中的一举一动、一言一行的总和。

家庭教育究竟是什么？

如果一定要我回答，我这样回答你：

家庭教育始于幼时的"印刻效应"，贯穿于儿童成长的全过程，从教育意义上讲，家庭教育就是培育道德和人文素养的根系性教育。从成长意义上讲，家庭教育就是父母在常态生活中对孩子的正面影响（或负面影响）。良好的家庭教育将引导孩子走向光明的远方。

文化是什么？冯骥才认为，文化似乎不直接关系国计民生，却直接关联民族的性格、精神、意识、思想、言语和气质。二十世纪九十年代中期，我在访英归来后写过下面一些文字：

去过英国的人，都会感叹于英伦三岛大自然的美丽，但更使访者折服的往往是英国人民在日常生活中表现出的种种文明，在这样一个有着悠久历史但又极具开放与包容的国度里，这么多不同肤色、不同种族、不同宗教的人如何达成一种共容，达成一种和谐，形成如此高度文明的社会风尚呢？

在英国培训时，聆听的专家讲座和对多所学校的考察使我们感叹道：所谓文明，所谓公民素质，实质上已逐渐积淀成一种国家文化，经过代代相传变成了共同认可和执行的行为传统。在英国，许多行为并没有相关的明确具体的公民规定，在中小学，也没有全国统一的、明文规定的学生行为守则。但在世代相传的长期积淀中，许多行为已变成了一种约定俗成，变成积淀在盎格罗－撒克逊民族血液中的行为基因，变成了弥散在英伦三岛的行为文化。

在英国，倘若被人认为行为粗鲁绝对是一种奇耻大辱。一代又一代英国绅士就在这种文化浸润中成长，而且这种"绅士文化"具有很强烈的感染性和继承性，一批又一批外来移民就在这种社会文化熏陶中成为新的绅士。许多次乘车外出，我们一次又一次感叹于行车的有序、环境的宁静、行人的礼貌，马路上很难听到鸣笛声，驾驶员遇到交叉路口，必先左顾右盼，然后通过。我们常见在较窄的通道上，两车相遇双方礼让，不少驾驶员摇下车窗玻璃示意对方先行，而先行的驾驶员必定挥手致谢。在这种礼让中，驾驶员之间少了很多争执。

在英国苏曼国际教育培训中心，丽莎女士向我们介绍，英国的绅士绝对是从小开始且从小事开始培养的，而他们的第一任教师和最重要的教师绝对是父母。丽莎告诉我们，当孩子一懂事，就要让他们知道并学会，即使要让妈妈给他们倒水，也必须用"请""谢谢"，而且父母会一而再，再而三地教育孩子用"请""谢谢""对不起"，父母会不厌其烦地对孩子说：多说一次谢谢，就肯定能多得到一次帮助。丽莎女士说，在英国，会说这三个词就能生存，经常说这三个词才能更好地生存。

据介绍，英国中小学里的道德教育被称为"个人的社会健康教育"

或"社会化过程",基本的道德观念是:尊重生命、公平、诚实、守信。目的是让孩子懂得平常做人的基本道理,懂得应该如何处理人与人、人与环境的关系,如何自律以融入社会,如何成为社会的一分子。在我们与英国教育同行的交流中,在我们访问学校、考察社区的过程中,我们一次次真实地感受到、看到"请""谢谢""对不起"确实无处不在。

孩子们的各种素质中,驾驭本民族语言与文字的能力可能是每一个孩子最基本的素养。可以确认,这种基本素养的源头就是家庭语言的方式和家庭语言的品质。

最初级的素质教育就是孩子的语言学习——对父母语言的模仿。年轻的父母必须认识到,你若要使你的孩子具有多思善辩的语言能力,当孩子牙牙学语时,父母就要注意语言的丰富性与规范性;倘若你想要孩子长大以后具有儒者的优雅语言,那父母在与孩子的交流中、在家庭生活中就必须注意语言的文雅与纯洁度。

我们可以清晰地看到,在某种家庭语言环境中长大的人,成人以后就常会显示这种家庭语言的特质。在孩子的语音语调中表现的所谓"乡音"就是"印刻"最典型的例证。

每次走进幼儿园,总觉得满园灿烂,每个孩子胖瘦高矮各不相同,服装各异,但童性几乎相同,他们无忧无虑,笑容灿烂。孩童尚没有经历人生的风霜雨雪,他们还未深刻体验社会生活的苦涩与甘甜,他们尚没有贫富贵贱的意识,他们尚不懂苦涩与复杂的内涵,天真、纯洁的天性使孩子们生活在幸福与甜蜜中,金色童年大约就是这个意思。走进幼儿园,成人都会感叹,儿童的可爱就在于他们言语的天真和行为的真实,在于他们目光中的温情与无邪。

可以肯定地说,每个生命犹如一泓清水,孩子童年的天性犹如长江源头的冰雪融水般晶莹透明,没有一点杂色,孩子们幼小的心灵犹如大海、蓝天般纯净、广袤。刚刚出生的婴儿，其心灵和思维犹如一张白纸般洁净，伴随生命体的渐渐发育，孩子开始其社会化学习，而这种社会化学习的第一种方式就是"模仿"。我们可以清晰地看到，在每一个儿童模仿父母言行的过程中，父母的影响力犹如"染色剂"一样，以"着色、渗入、定影"的形式，渐渐使孩童的生命之河有了色彩，有了个性。

随着孩子们的生理成长，每一个孩子在家庭生活中的"初级模仿"又会从初始的语言、行为模仿逐渐上升到父母的兴趣爱好、思维方式模仿，以及与人相处的行事方式乃至父母人格品质模仿的层面，即模仿进入思维、思想、人际关系、价值观等较高层面的心灵性影响。所以，从孩子成长的角度讲，父母行为习惯中体现的性格特征，与人交往中体现的思维品质，面对利益冲突时的价值选择，家庭生活中的文化品位，父母的穿衣喜好乃至生活爱好，这些都潜移默化地影响、浸润、雕塑着你尚未成型的"坯孩"。

可以这样说，在家庭生活中，父母随时随地的表率，家庭生活无所不在的熏陶，家庭文化潜移默化的染色，奠定着孩子的思维方式、性格品质、行为习惯的基础。这种"浸润力量"可能汇成代代相传的"家风"，今后外来的力量都难以使之发生根本性改变。

所有人都会认同，读书对于人的成长是最重要的。但我们可以看到，好多家长仅仅是希望、要求自己的孩子多读书，但自己在真实的家庭生活中并没有进行喜欢读书的习惯性示范。所以，他们常常抱怨，为什么不管我说多少次，孩子还是不喜欢读书呢？

世界上那些生命力旺盛的民族大多是爱读书的民族，如犹太民族。近代史上三个伟大的人物均来自犹太民族：马克思以唯物辩证法改变了人类对社会的看法，爱因斯坦以相对论确立了崭新的宇宙观，弗洛伊德以精神分析法让人更准确地了解自身。有资料证明，全世界富有者中，40%是犹太人；诺贝尔奖获得者中，最多的也是犹太人。一个重要的原因是，这个民族把读书看作一件很神圣的事：孩子刚生下来，就用蜂蜜涂在书上，让孩子舔；他们也绝不允许把书踩在脚下；他们每人年均读书60本……

我在阅读《世界上最成功的教育》一书时，读到了这样一段文字：

犹太人把书本当作宝贝。在古代，由于书写和印刷工具简陋，书本难得，他们把书看得非常珍贵，往往把一本书翻看得破破烂烂，裱了再糊，糊了又装，仍然舍不得扔掉。一直要等到整本书都七零八散、字迹模糊不清，再也不能翻阅的时候，街坊四邻才会聚到一块儿，像埋葬一位圣人一样恭恭敬敬地挖一个坑，把这本书埋掉。

在犹太人家庭中，可以没有高档家具，却不能没有书橱书架。犹太人还有一个世代相传的习俗，就是一定要把书橱放在床头，不能放在床尾。因为他们视书为高洁之物，若放错了位置，会被认为对书不敬而受到指责。孩子的生日礼物总免不了有书，新婚彩礼也总会有书。犹太人日常也十分珍惜书，书损坏了一定要修补。犹太人从来不焚烧书本，即使是攻击犹太人的书，可以不看，但不许毁坏。

犹太人的求知欲，是靠从小接受家庭教育养成的。据说一种有趣的风俗从古代一直保持到今天：在许多犹太人家里，当小孩稍微懂事时，大人就会翻开一本《圣经》，滴一点蜂蜜在上面，然后叫小孩子去舔。这种做法的用意不言而喻——书本是甜的。

有一年暑期，我和一些老师在俄罗斯参观访问，我们登上从莫斯科开往圣彼得堡的列车，许多人感叹：俄罗斯毕竟不同于苏联了，列车这么旧，行驶中列车的部件在"咣当"作响。可当我们环顾四周，顿时肃然起敬。在破旧的列车里，竟有这么多的读书人，男的女的，老的少的，每人手里都捧着一本书，神情那么专注，那么入神，窗外的风景，列车的声响，旁人的嬉笑，似乎一切都被他们置之度外。犹如"饿汉扑在面包上"，许多人都沉浸在书香之中。对比我们许多国人在火车上的嘈杂、喧闹的休闲方式（玩游戏、看视频，甚至一群人打牌），顿感社会文化的差距。

在具有深厚文化积淀的中国，许多家庭不知从什么时候开始放弃了阅读、写作、琴棋书画等优秀的传统休闲方式，越来越多的年轻人在用"快餐式"与"娱乐式"的活动填充自己的闲暇时间，越来越多的年轻家长已不能用平和的心态来对待生活，他（她）们或行事匆匆，或追逐于功名利禄，他们很少仰望星空，很少静心思考，他们也不再喜欢文本阅读。

著名作家陆文夫的散文《脚步声》中有这样一段文字：

"在都市的喧嚣声中，你一出门，甚至不出门便可听到整个世界有一种嗡嗡的轰鸣，分不清是哭是笑是哽咽，分不清是争吵不休还是举杯共饮，分不清是胡言乱语还是壮志凌云，分不清事物到底是真是假，分不清来者是哪个星球上的人。弄到最后你自己也分不清自己了，人人都好像不是自己的脚在走路，而是被一种看不见的力量在向前推。很难听到自己的脚步声了，只听得耳边呼呼风响，眼前车轮滚滚，你不知道是在何处，忘记了从哪里来，又到哪里去。"

我在《播种者的期盼与困惑》一书中这样写道：

在经济日益繁荣，世界更加开放的时代，社会生活的节奏已变得如此之快，日益丰富的声色耳目之娱正在使人变得浮躁与复杂。忙碌于形式的活动，匆匆于礼节的应酬，读书变成浮光掠影。当我们静下心来，不由悚然，是我们掌握了物质，还是物质掌握了我们……

我曾对好多我熟悉的年轻朋友们说过，倘若你们期盼自己的孩子能认真读书，那么，请撤掉你们家中精装的麻将房，改装为一个高贵的书房，请改变一下你们目前较多的娱乐性生活方式，让家庭生活多一点共同读书的时间，这样，家庭生活就自然增加了对孩子成长的正向引导。

中国历史上有很多文学世家、艺术世家，研究这些世家后，我们可以清晰看到家庭氛围对孩子成长的影响。比如，宋朝苏轼，字子瞻，号东坡，成长于书香门第。其父苏洵，长于策论，文风纵横恣肆，对苏轼影响尤深。其弟苏辙，是散文家，为文以策论见长，在北宋也自成一家。父子三人合称"三苏"，均在"唐宋八大家"之列。甚至连苏轼的妹妹苏小妹，也从小习读诗文，精通经理，是个有才识的女辈。可见，他们家庭文化中的浓郁书香气息影响了两代人。

在对许多优秀孩子的成长研究中，我得出这样一个结论：许多优秀孩子在童年生活中，在父母的陪伴和引导下，有了一个喜爱阅读、广泛阅读的习惯，而阅读的习惯，使他们拥有了梦想、开阔了视野，形成了追求卓越的品质。

我们应该相信，一个父母不读书的家庭，其孩子也很难发自内心地热爱读书，而一个不喜爱读书的孩子肯定是走不远的。

可以肯定地说，没有读书习惯的家庭很难培养出笔耕不辍的文学家，没有艺术氛围的家庭很难培养出有品位的艺术家，没有藏书的家庭很难培养出有良好学习习惯和卓越学习能力的孩子，没有和谐家庭文化的家庭很难培养出孩子乐观的人生态度和良好的人际相处的能力。

在长期的教育实践中，我与成千上万的孩子及父母进行了交流。当校长的近30年中，我幸福地见证了一批又一批优秀孩子的成长，我也有了与众多优秀孩子进行定期交流的习惯。正是在这种长期的、对众多个案进行分析的基础上，我似乎发现了优秀孩子成长的一些共同因素。当然，在学校管理中，我也看到了一些"问题孩子"的存在，经过多次耐心地与"问题孩子"进行坦诚的交流与谈话以后，我也清楚认识了一些"问题孩子"产生"问题"的重要原因。通过长期的师生对话与个案研究，我得出了这样的结论：**优秀的孩子都长期沐浴在优秀的家庭文化中，"问题孩子"的背后都有种种"不良家庭文化"的存在。**

我们可以看到，改革开放以来，受多元文化的影响，越来越多的年轻人因婚后感情不和，感情冷淡、不断争吵，甚至彼此仇视，虽然他们也都爱着自己的孩子，也曾想方设法照顾孩子的生活，或许还各自满足着孩子的各种物质要求，各自攀比着提高孩子的物质"待遇"，但他们都没有意识到，家庭生活中的淡漠、争吵已使家庭生活不再宁静、不再温馨，孩子的心灵早已飘荡着乌云，孩子的内心已缺失了温暖的阳光。想象一下，一个感受不到阳光的孩子，他的心灵、他的性格，能得到健康的成长吗？

伟大的苏联教育家苏霍姆林斯基把家庭教育比作树木的根须，他认为，正是这些根须供养着学校教育这棵大树的树干和枝叶。作为20世纪世界著名的实验学校帕夫雷什中学的校长，在长期的学校管理工作中，他也真实地看到了家庭教育中的种种问题。

因而，他在《睿智的父母之爱》一书中这样深情地写道：

……家庭是滔滔大海上神奇的浪花，从这一朵朵浪花上能够飞溅出美好。

如果家庭没有孕育人世间美好事物的神奇力量，学校所能做的，就永远只能是再教育了。

……学校教育的成果建立在良好的家庭道德的基础之上。

……没有家长学校，就不会有真正的家庭——学校教育。养育孩子是一种把理智、情感、智慧、能力融合在一起的复杂劳动。

……没有什么比父母教育孩子更加需要智慧的了。教育孩子是一种需要付出全部精力的崇高事业，把自己的孩子培养成好公民、好劳动者、好的父亲和母亲，也是您对社会的贡献，也同样能向社会证实您的价值。

我们相信：良好的家庭教育，就是父母在家庭生活中展现的真实的优秀

良好的家庭教育就是在常态的生活中，一个好爸爸，一个好妈妈，两人合力用自己的言行为孩子树立一个言行标杆，汇成一种优秀的家庭文化，在真实生活中潜移默化地奠定孩子的性格与习惯，培植孩子的价值观、基本人格。

什么是良好的家庭教育？

我认为，良好的家庭教育起步于爸爸妈妈对儿童成长的基本认识：其一，父母要深刻认识儿童成长的共同特征，即所有孩子心灵的起点是一张白纸，"印刻性"的"染印"奠定孩子的生命底色，和谐的家庭生活是良好教育的基本要求。其二，孩子都具有贪玩、软弱等童性特征，在成长中，他们不仅需要爸爸妈妈的呵护，更需要爸爸妈妈的帮助、指导、校正。其三，要认识孩子成长的共同规律——他们需要成人的一而再，再而三的鼓励，需要成人在成长的关键节点上予以点拨、支持。

优秀的父母往往会表现出超越一般父母的教育智慧，生活中，他们会仔细观察孩子的语言与行为，在陪伴与交流中认识孩子的个性，了解并把握他在关注什么、他对什么感兴趣，清楚成长中的他今天有什么烦恼、需要哪些帮助。

良好的家庭教育就是父母用自己良好的语言和真实的行为成为孩子生活中鲜活的"立体教科书",为孩子成长亮起一盏前行的明灯。在每天的家庭生活中,要让孩子真实地看到:父母之间是如何相伴,如何相互关爱和互相帮助的;父母对长辈的尊重态度和孝顺行为;父母与邻居友好相处的行为;父母文雅的兴趣爱好与有品质的休闲生活;父母对自然的关爱和对世界多元文化的理解。

良好的家庭教育,其实就在家庭生活的许多细节中,永远有一双"无形的手"在指引,有一种"无形的力量"在熏陶,有一种"无形的声音"在引导,就是在这样一种"此处无声胜有声"的"磁场性"影响中,孩子良好的性格品质(善良、阳光、诚实等)和种种良好行为(善于倾听、与同龄人友好相处、热爱阅读、喜欢运动、乐观合群等),乃至"道德根系"(责任感、乐于助人等)形成,直至成为终身习惯。可以这样说,良好的家庭教育就是父母用自己"真实的优秀"引导孩子走向更加优秀。

我强调"真实的优秀"的意思是这种"优秀"必须是父母常态化的性格、习惯,而且必须是在日常生活中自然表露的,如待人时的微笑,与人交流时认真倾听的姿态,主动帮助别人的善良,等等。父母性格言行中习惯性的优秀,将使孩子在每天的生活中可以清楚地看到一个方向、一个标杆、一盏路灯……

在家庭生活中,父母肯定是最真实的示范者。你的性格、你的习惯、你的喜爱、你的语言、你的行为、你的灵魂等等,每一天都最真实、最全面地展现在成长着的孩子的面前,孩子耳濡目染,感受并继承着你的喜爱、你的语言、你的行为、你的灵魂。在我看来,所谓的"龙生龙,凤生凤"的真实含义并不仅指生命基因、智商基因的遗传,更指孩子出生以后家庭文化对孩子浸润性的影响力。

每个家庭都有不同的生活方式,这种不同的生活方式的总和就是家庭文化,正是在这种日常的生活方式中,孩子真实地认识、感受着每个父母的价值追求、文化品质与行为方式,也正是在这种无时不在的家庭文化的熏陶中,孩子从模仿开始,逐渐认识、认同、继承着种种"基因",也就是在这种传承中,孩子的思维、性格、习惯得以基本形成。

中华文明历史悠久,源远流长;五千年的中华文明光辉灿烂,硕果累累,对后世产生了积极而深远的影响。作为中华儿女,这让我们每个人感到骄傲和自豪。

中华民族素以重视"家教"而著称于世,俗话说"家和万事兴"。古语云"修身齐家治国平天下",足见家庭教育、家风、家庭氛围对下一代、对我们自己和对国家的重要性。

中国古代进行"家教"的各种文字记录,包括散文、诗歌、格言等,通常成为"家训",自周朝以来至清朝,仅目前可见的就有二百多部(篇),《朱子家训》《颜氏家训》《孔子家语》便是其中的优秀代表。

我建议年轻的父母可以认真研读一下《朱子家训》《颜氏家训》,从中吸收一些有益的营养。

可以这样说,没有父母不期望自己的孩子拥有良好的人生态度、高尚的生活方式,可以做出卓越的社会贡献。你可以暂时贫穷,但你要性格良好,道德高尚;你可以学历不高,但你要尊重知识,尊重人才;你可以平凡,但你要内心从容,精神饱满……一句话,倘若你认同"家庭教育是一种'印刻性''浸润性'的力量",那父母唯一的选择,也是理智的选择,就是努力修炼自己,在家庭生活中努力成为最好的榜样。

可以这样说,一个经常助人为乐的家长通常会拥有一个善良、人人喜欢的孩子,一个经常说谎的家长也会有一个说谎从不脸红的孩子。所以,我想提醒的是,你期望孩子成为什么样的人,你就需要让孩子每天看到什么样的爸爸妈妈。

可以下这样的结论，长期的家庭生活给孩子们提供了道德的土壤。孩子在家庭生活中学习了哪些道德品质，成人以后，他们就将具有什么样的道德品质。

良好的家庭教育品质是，在家庭生活中，始终弥散着这样一些关键词：陪伴、倾听、交流、鼓励、批评、帮助、引导……

我们相信：家庭文化的品质影响着孩子的成长高度

  如果分析孩子的成长轨迹，我们就不难发现，每一个孩子的学习兴趣都是由好奇心激发出来的。童心的世界就是好奇的世界。每一个儿童从睁开双眼认识世界到牙牙学语，好奇心使孩子模仿父母的动作，模仿父母的语言，当孩子逐渐长大，好奇心更强，孩子开始不断发问：大地有耳朵吗？天空有眼睛吗？鲜花会讲话吗？月亮中真有嫦娥吗？他们更会不断体验、不断尝试。

  可以这样说，想象力是孩子们进步与发展的翅膀。但我们看到的事实却是，东方的许多孩子们那么"规范"，那么"老成"，原因是过早地给予了孩子们很多的规范性教育。很多家长与老师们错误地把一些技能与知识当作了孩子人生发展最重要的素质。

  "钱学森之问"一直在拷问着传统的教育，但许多人又常说，东方的基础教育并不落后，因为我们可以看到，在各种世界中学生奥林匹克竞赛（后简称奥赛）中，我们的孩子可以获得那么多的奥赛金牌。可为什么东方的孩子未能攀登科学顶峰？或许这其中有着种种缘由。但有一个原因肯定是成立的，那就是，东方式家庭教育对孩子的思维方式产生了一定的影响。

  2007年，英国知名精英学校贝德福德学校校长菲利浦·埃文斯先生访问无锡市天一中学。在我陪同菲利浦先生考察校园的过程中，菲利浦先生一再感叹：中国的学校非常漂亮，非常现代化。菲利浦先生还对学校的常规管理连连赞赏。考察结束后，在十分友好的气氛中，我与菲利浦先生进行了认真又坦率的教育交流。其中，菲利浦先生的两个问题给我留下了极为深刻的印象。一是菲利浦先生非常认真地问我：沈先生，中国的孩子数学特别好，刚才也听你介绍天一中学每年都有一批孩子在全国数学奥林匹克竞赛中获奖，想问一下，中国老师教数学有什么特别的技巧？中国孩子学数学有什么特别的方法？我无法回答这个问题，深感汗颜。我们有什么特别的教学艺术与技巧？从小学到高中，孩子们在数学学科的学习上投入了大量的时间，我们的课时多、作业多、考试多，依靠刷题、考试两个法宝，我们有了数学书面考试的领先成绩。

菲利浦先生又问：英国的学校管理中，课堂纪律的管理压力很大，中国的课堂纪律情况如何？我介绍了中国课堂教学的基本组织与基本情况，当菲利浦先生听到中国的教师在课堂教学中主要着力于知识难点重点的讲清讲透，其纪律管理的压力相对较小时，他特别感兴趣。第二天，菲利浦先生走进了天一中学的课堂，听完三节数学课后，他非常羡慕地问我，你们的课堂纪律怎么这么好？我当时轻描淡写地说："长期的中国文化熏陶，让孩子形成了这样一个习惯。当孩子懂事以后，父母会一而再，再而三地教育孩子要听话，在家里听爸爸妈妈的话，在学校里要听老师的话，在单位里听领导的话。"当我坦然地连说了几个"听话"以后，本来满脸微笑的菲利浦先生却一脸肃然，正色道："No！听话，会扼杀学生的创造力。"这么长时间过去了，菲利浦先生说这话时的严肃神情仍时常在我眼前浮现。

北京师范大学肖川教授曾撰文写道：

> 我们有一句口头禅："好孩子一定要听大人的话。"言下之意就是不听大人话的孩子不是好孩子。有人把我们的教育称为"听话的教育"，别的不敢说，可以肯定的是，"听话的教育"肯定不利于富于个

性的人以及富于创新精神与创新能力的人的培养。

我们应该清楚地认识，传统的教育过早地、过多地给予孩子社会的规范、纪律的约束和强求一律的评价认同。"你为什么总和别人不一样？"稍有棱角的孩子，大概都受到过这种责难。一味地从成人的需要出发，"不该问"的不能问，"不该知道"的不能知道，"不该做"的不能做。当孩子们面对一个问题时，他最先考虑的不是自己内心真实的想法，而是按照成人世界的标准来回答。曾有专家尖锐地批评，"一个从小就不会用自己的头脑去判别，不会用自己的语言去表达的人，我们的确是很难指望他去开拓、去创新的"。

这样的批评虽然尖锐，但却是中肯而深入的，今天的教育，确实应该抛弃"去问题化"的教育了。为什么东方的孩子缺少创新思维和创新能力？他们从小浸润在"听话"的家庭教育文化中，绝对是一个重要的原因。

我们可以发现，其实东方的孩子和西方的孩子一样，当他们诞生到这个世界上，他们就对世界充满了好奇。睁开双眼，他们欣赏着世界万物的五彩斑斓和千姿百态，他们的双眼中闪烁的是无限的惊奇、好奇。当他们牙牙学语的时候，他们就开始了学习与提问，一个又一个问题从他们口中吐出。与此同时，我们可以看到这样一个事实，在东方孩子的生命发展中，伴随学历的升高，我们孩子的知识量变得越来越大，但他们的问题意识却在逐渐淡化，问题越来越少，学习变成了读教科书，甚至变成了做习题、记忆文本内容。"赢在起点，输在终点"成了东方教育工作者心中难解的结。

可以这样说，家庭生活中，父母的语言与行为不仅是孩子"道德"和"人文素养"生成的土壤，更为孩子们想象力生长提供适宜的"气候"。

长期的职业习惯驱使我每天上班后，第一件事情就是在校园内转上一圈。某天早上，我经过学校映天湖北面的草坪，看见湿漉漉的草坪上竟突兀地长出来几个蘑菇。于是，我拿手机拍了一张照片，到办公室后，我把照片传入了电脑，看着这张照片，我想了很久很久，为什么这个地方会长出蘑菇？我在电脑上写下了这样几句：草坪上的蘑菇不是飞来的，也不是移植的，草坪上的蘑菇是在适宜的温度、适宜的水分、适宜的土壤中自然生长出来的。孩子不也如此吗？我们都在期盼着孩子们能有更好的发展，可是我们的家庭，真的为孩子的成长提供了最适宜的温度、适宜的水分和肥沃的土壤了吗？

有一年，我应中国科技大学的邀请出席中国科技大学、麻省理工学院和斯坦福大学共同举办的科学论坛。中国科技大学一位教授告诉我，四年前由天一中学考进中国科技大学的钱子诚同学，今年在巴黎高等师范学院面向全世界数学研究生的招生考试中，获得全球第一的好成绩。教授还告诉我，巴黎高等师范学院的数学系闻名全球，数学菲尔兹奖等奖项的获得者很多出自巴黎高等师范学院。在这样一个环境里，我相信热爱数学的钱子诚将来一定会有更好的发展。从中国科技大学回到学校，我询问钱子诚在天一中学的数学老师查晓东，这个孩子为何会这样优秀？他告诉我："我去过他家里，他家里有三个书房！"

家里有三个书房？在长期的教育经历中，我也曾走访过很多学生家庭，有的家庭房子非常大，麻将房、影音房、健身房都有，就是没有书房。但钱子诚家里居然有三个书房。我想，家庭提供什么样的土壤，我们的孩子或许就会成长为相应的人。

所以，我想对年轻的父母说，不要过多地迷信所谓的名校，也不要简单地崇拜所谓的名师，每一个优秀的孩子，他所有的进步，肯定是父母的循循善引和家庭优秀文化的深刻熏陶。

在家庭教育中，最重要的究竟是什么？就是要培植那种能够诞生科学家、文学家、艺术家、企业家等杰出人才的土壤和气候，只要土壤和气候"适宜"了，稚嫩的孩子就会成为一个个"金矿"。

我们应该相信，家不仅是孩子生活的地方，家更应是孩子成长的"第一课堂"，父母既是孩子生命的呵护者，又是孩子的第一任教师和终身教师，父母还是孩子永不下岗的班主任。

倘若你期盼自己的孩子成为一位合格公民、一个高尚的人，成为栋梁之材，那"第一任教师"的言行应该成为孩子们良好性格与良好习惯的标杆。在孩子不明方向时，父母会点亮指引孩子前行的灯塔；当孩子遇到风浪时，父母会引导孩子回到"港湾"休整；在孩子取得成功时，爸爸妈妈会为孩子打开另一扇窗户，让成长中的孩子看到远方的另一座大山……

本章关键词

印刻效应　文化浸泡　父母真实的优秀　道德和人文素养生成的土壤　想象力生长的气候

本章讨论提纲

1. 何谓"印刻效应"？在儿童的成长中，"印刻效应"如何呈现？

2. 家庭教育是什么？

3. 良好家庭教育的实质是什么？

4. 在你们的家庭生活中，洋溢着哪些品质性的文化？有哪些方面应该继续优化？

5. 在帮助孩子的创造性思维的发展中，家庭教育最重要的工作是什么？

第三章

我们相信:最真实的素质教育,正潜行在每天的『家庭课程』中

年轻的父母应该认识到,种子萌芽必须有温润的土壤,幼苗茁壮成长必须有适宜的气候。孩子成长中,家庭生活就是孩子健康成长的土壤,家庭文化就是孩子素质养成的气候。

孩子的成长过程十分复杂,教育孩子绝对是一项高级工程。父母不仅是孩子的第一任教师,而且是影响最深刻的"班主任"。

最真实、最深刻的素质教育,正潜行在每天的家庭生活中。年轻的父母一定要清晰认识,孩子性格、习惯、价值观的形成,受到你们不经意的生活行为与习惯性话语的影响,孩子最重要的素养、孩子将来可能达到的高度都在点点滴滴的家庭生活中形成。

可以确认,"家庭课程"将奠定人生最重要的三种关键素养:习惯、性格、价值观。

我们相信:好习惯,才有好人生

不少年轻的父母认为,家长的责任是养育孩子,教育的责任在于学校。这样的错误认识,让有些父母忽略了对孩子性格优化、习惯培养的过程性示范和即时性教育。当孩子出现问题征兆时,他们感到漠然;当孩子该接受教育引导时,他们没有发出声音;当孩子已性格扭曲、习惯不良时,父母还在期待着学校教育对其有革命性的改善。最终,家长不得不吞下一颗"歪瓜裂枣",甚至是难以下咽的"苦果"。

可以这样说,"问题学生"并非知识缺乏或者能力不够,之所以学生出现"问题",是因为他们性格的扭曲和不良习惯。而所有优秀学生的成长,基础都是优秀习惯和良好性格的力量。

俄罗斯教育家乌申斯基说过这样一段很深刻的话:良好的习惯是人在神经系统中存放的道德资本,这个资本会不断增长,一个人毕生可以享受它的利息。对孩子的成长来说,家庭教育就是要培植蓬勃大树的根系。这种根系的培植过程,在我看来,就是要在每天的家庭生活中,在生活细节中落实优良性格与优秀习惯的培养。

孩子的起点是一张白纸,在这张白纸上可以画出最美最好的图画,但如果方式不当,也可能画成一幅涂鸦。习近平总书记在北京大学演讲时,曾这样说:"青年的价值取向决定了未来整个社会的价值取向,而青年又处在价值观形成和确立的时期,抓好这一时期的价值观养成十分重要。"习近平总书记将青年时期的价值观养成比喻成穿衣服扣扣子,"如果第一粒扣子扣错了,剩余的扣子都会扣错。人生的扣子从一开始就要扣好"。习近平总书记的这个比喻恰当而深刻,当然,我们也一定可以说,孩子价值观培养的"第一粒扣子"一定是父母扣上的。

有人认为,现在许多孩子有一种"又懒又笨"的通病——五六岁不会自己穿衣服,上小学不会收拾书包,上中学不洗自己的内衣……有人把病因归结为独生子女的天性,更多的人说这是孩子学习负担重、压力大的必然结果。真的是这样吗?

调查结果告诉我们:如果家长把自理性劳动和家务劳动这些对孩子而言举手之劳的事都包办了,就等于剥夺了孩子最基本的生活能力的培养机会,久而久之,孩子依赖家长、懒得自己动手做事便成为习惯。

对绝大多数孩子来说,在他的价值观和人格形成之前,他与父母共同生活的时间是最长的。孩子每天呼吸着父母性格、习惯的"文化空气",吸吮着父母性格、习惯的"文化养分",自然而然地模仿着父母的一言一行。在这种呼吸、吸吮和模仿中,父母的价值观、性格对孩子的影响肯定是巨大的。在一定程度上可以说,这种影响不仅是奠基性的,更是染色性的。

对孩子习惯的培养通常是从生活习惯开始的,我向大家推荐刘锴先生写的一篇文章《英国独特的"餐桌教育"》:

在英国,从孩子与家人一起上餐桌进餐时起,家长就开始向孩子传授进餐的礼仪,如何喝粥、如何吃西餐,先吃哪道菜、后吃哪道菜,以及进餐时如何穿着、如何与同桌客人交谈等。英国人一向以"绅士"著称,他们对进餐礼仪非常看重。在他们看来,孩子无礼,是个人学养不够、家教缺乏的表现,同时,孩子长大后也难以在社会上立足,更不会有成就。有些家庭还特地请来当地有名的教师,对孩子进行餐桌礼仪的教育。所以,英国的孩子从一周岁左右开始,就懂得了如何帮助家长摆放餐具,如何在餐桌上像绅士一样进餐,如何得体地与同桌客人交谈。餐桌礼仪教育,不仅锻炼了孩子本人,提高了孩子的个人修养,也给家长减轻了家务负担,同时,更为孩子形成良好的性格及健康成长打下了坚实的基础。

每个孩子都有自己的进餐习惯。为此,英国的家长们把进餐习惯纳入了餐桌教育的范畴。他们从孩子坐上餐桌的那天起,便鼓励孩子自己夹菜、进食。家长们认为,孩子"自食其力",有助于孩子独立人格的形成,这对于孩子将来走上社会能独当一面是很有帮助的。英国的家长绝不让孩子有偏食、挑食的坏习惯,他们不仅给孩子讲解每道菜的营养、味道,让他们懂得珍惜他人的劳动成果和摄入更多的营养,而且还"亲口"给孩子做进餐的示范,改掉孩子任性的毛病。

英国的家长非常重视对孩子环保意识的培养,他们把餐桌当成了环保教育的生活课堂。在餐桌上,家长们会教孩子区别哪些餐具是环保餐具,哪些塑料袋可能成为污染环境的永久垃圾。英国的家长和孩子一般都拒绝使用一次性餐具,而且也拒绝购买带塑料包装的食品。厨房里产生的垃圾,孩子们也都按照家长的要求进行分类。另外,在餐桌上,家长也会对孩子进行节水、节能方面的教育,使孩子从小就养成节约的良好习惯。

寻常的餐桌,成了英国人见缝插针的家教课堂。

习惯的培养不仅要有"餐桌教育"这种行为,更要有日常生活细节中无处不在的引导、指导。我曾许多次在家长会议上介绍一些优秀老师"培养习惯"的经验,如:经常引导孩子们培养听课时应有的"专注力",课堂学习中"质疑发问"的习惯,每一天不可缺少的阅读习惯,自己的事情自己负责的"独立性",学校集体活动"积极参与"的习惯,人际交流中"倾听""友爱""合作"等习惯。再如,现在的孩子也有了不少外出旅游的机会,但在旅游过程中,父母一定要及时提醒孩子学会分辨导游对文化典故、对乡土人情的"戏说";在每天的电视欣赏中,要提醒孩子们警惕影视文化中过度的"娱乐化""商业化"。

我想对年轻的父母这样说,在孩子们的习惯培养中,有这样几句话,一定要潜移默化地让孩子们认识、认同并践行。

我们相信:IQ(智商)很重要,但EQ(情商)更重要。

我们相信:知识很重要,但习惯更重要。

我们相信:聪明很重要,但勤奋更重要。

我们相信:梦想是一个人走向远方的真正力量。

我们相信:人生的高度,不在别人,而在自己的兴趣选择和个性坚持。

我们相信:人生绝没有一帆风顺,面对挑战,遇到坎坷,一定要冷静、坚定，冲过去，前面就是一片美景。

2022年8月，在面试资优奖学金申请者的过程中，十二年级的江岱臻同学的个人陈述和面试回答给我留下了深刻的印象，不仅让我见识了优秀学生的综合素养，更使我清楚地看到了"习惯"二字在学生成长中的巨大作用。

江岱臻的学术情况：
IGCSE：8A*2A　As Level：A*3A
英国化学奥林匹克竞赛：全球金牌
英国生物学奥林匹克竞赛：全球金牌
加拿大化学竞赛：银牌
全球优异少年组CCO：全球铜牌，国家银牌
英国物理奥林匹克运动会：全球银奖
CREST：银奖
IBO：铜奖
USAD：银奖

在面试以后，我要求江岱臻同学给我一份关于成长的心得，两天后，他给了我下面这份材料：

我的梦想大学以及支撑我进步的三个关键词

六年前的夏天，我迎来了人生中第一个重要的转折点，那是我首次踏进国际学校的大门。因为从小到大经常听父母和其他长辈说起海外名校，最耳熟能详的名校就是"哈佛剑桥"，而我就读的正是对接英国的学校，剑桥大学似乎自然而然地就成了当时懵懂无知的我的梦想大学。

光阴似箭，日月如梭，转眼间，九年级的我来到了无锡狄邦文理学校就读，也对自己未来的专业有了一定的规划与了解。我想要学习的是化学专业，而通过了解我发现剑桥大学只有被称为"自然科学"的专业，并没有细分出化学专业。然而剑桥大学的"老对手"牛津大学，却有化学、生物化学、制药化学等多个化学类专业。并且牛津大学拥有与剑桥大学同样世界顶尖的教学、师资以及实验设备。甚至牛津校园的建筑风格，装潢设计都让我无比倾心。

自此我便认定牛津大学才是我的梦想大学，之后想法再未改变。

以如此顶尖大学为梦想大学，我自知需要加倍努力，求得进步，这三年来，从九年级刚刚进入英国 A-level 系统的懵懂无知，到现在能把课内外知识都手到擒来的胸有成竹，我付出了超乎常人的汗水与努力。

就在这努力进步与拼搏的道路上，我总结了三个关键词，正是它们，每时每刻都推动着我一往无前，直至成功。

● 上进

一个学术上能取得成功的学生需要很多重要的品质，而最重要的无疑是上进。一个学生如果只会在考试前复习，或者在他人，比如老师父母的催促下去努力学习，也就是所谓被动学习，那么或许他能够获取阶段性的成果，但是在未来，当学业更加繁重的时候，他们就会渐渐地力不从心，最后开始浑浑噩噩，甚至彻底放弃。而一个上进的学生，会有一股强大内驱力，推动着他们去学习。他们会在完成课内学习之后，自发地通过各种渠道，根据自己的兴趣去寻找更进阶的知识，并以此为乐。我自身就是如此。出于对化学的兴趣，我在十一年级就自学完了十二年级的化学内容，之后又在暑假网课中接触了大学的知识。自此之后，我整个暑假期间，通过教科书以及部分网上资源，有计划地开始学习大学化学。短短两个月不到的时间，我已经记录了二十多份细致的笔记,掌握了大一、大二的有机化学内容。

- 自律

如果说上进是开启一段学习历程的钥匙,那么自律就是这段历程的引路人。因为在学习的历程中,有太多外界诱惑的干扰,比如说各类电子游戏、过度的娱乐休闲,这些无疑都会将我们引入歧路,让我们的学习事倍功半。而正因如此,自律才是最好的引路人。能够控制自己的欲望,能够在学习时无视各种外界影响,能够合理控制休息娱乐时间,都是自律的表现。如果能做到这些,就一定能沿着正确的道路,走向成功。以我自己为例,我在学习时,一定会把手机和其他电子产品关机,如果迫不得已需要使用平板电脑学习,我也会把微信和QQ等社交软件暂时退出登录,等到学习结束再重新登录。这样能让我在学习时真正做到心无旁骛,不受任何外界影响,这便是我保持学习效率的法宝。我还会给我的娱乐软件设置时间限制,时间到后自动关闭,防止自己入迷从而耽误学习。久而久之,我便养成了控制娱乐时间的习惯,能合理高效地分配学习和娱乐时间,做到劳逸结合,实现事半功倍的效果。

- 不轻言放弃

学习的道路永远都不是一帆风顺的,我们都会面对重重困难与挫折。面对挫折时,很多人会选择换一条更简单的路走,也有很多人会选择放弃,然而更会有人选择迎难而上,最终战胜它们。从九年级到现在,这一路上我遇到的艰难坎坷数不胜数,从九年级和十年级学习的如天方夜谭的音乐和信息技术,到现在正在钻研的大学化学,都是我面临的巨大的挑战。面对繁杂且知识量巨大的音乐和信息技术,许多同学都选择放弃这两门课,也有人选择坚持下去,但也最终在考试成绩极其不理想的打击下,无奈退出。我这两门课的成绩一开始也极不理想，我父母也曾劝说我可以放弃这两门，但我没有就此放弃。之后的日子里，我开始频繁地在课后找这两科的老师请教，在别人选择放松娱乐的课余时间抓紧时间刷题，就这样度过了甚为艰难的两个月后，我终于从一开始的勉强及格，进步到了统考时超过年级90%学生的好成绩。

当走近一些优秀孩子，我们可以发现，他们之所以优秀，是因为拥有了良好的习惯。

第三章 我们相信：最真实的素质教育，正潜行在每天的"家庭课程"中

我们相信：教育永远和运动同在

在应试教育的长期影响下，许多学校、学生、家长形成了"多做题—考高分—上名校"的成长定式。

过重的学习任务压在孩子们身上，挤压了孩子们走到操场参加体育锻炼的时间，孩子们整日坐在课桌前埋头苦读。更严重的是，对这种现象，许多学校和家长并没有清醒认识其严重后果。在许多家长眼中，提高考分才是王道，体育锻炼只是玩耍而已。也有家长知道运动的重要性，但他们认为与学习相比，运动的重要性显然可以忽略。并且他们相信，给孩子多补充点营养，就可以让孩子身体棒，体育锻炼没有必要。

在孩子的成长中，运动真的不重要，可以被替代吗？

科学研究证明体育锻炼能促进骨骼生长，让正值发育期的青少年长个儿；同时，也能促进神经肌肉与心肺系统的发育。促进神经肌肉发育的好处是，保证大脑在紧张的脑力劳动中获得充分的营养，显著地提高大脑的反应能力和工作能力，同时也能提高学习效率。

由美国国立卫生研究院发起的，哈佛大学、耶鲁大学、加州大学、康奈尔大学主导的"人类脑计划"曾在研究中发现：坚持运动可以明显增加大脑神经纤维、树突、突触的数量，促进大脑的发育，提高记

忆力。哈佛医学院教授瑞迪，在经过多年的跟踪调查研究后发现：运动最大的意义在于健脑。他还将大脑与运动的关系，详细著于《运动改造大脑》一书中。这本书被重印了十几次，成为风靡全球的读物。

著名体育教育家马约翰曾说："体育是培养健全人格的最好工具。"这是因为体育锻炼是锻炼意志力、树立规则意识、培养团队精神的绝佳方式。如参加一场90分钟的足球赛，会消耗极大的体力，必须咬牙拼命坚持；球也不能满场随意踢，必须遵守比赛规则；踢球也不是一个人的战斗，它讲究团队配合。参加体育运动，孩子收获的绝对不只是一身臭汗。在体育运动中收获的意志品质锻炼，是他在课桌前无法习得的。而这些品质又很重要，是顺利走进社会的通行证。

无锡狄邦文理学校体育学科主任Ringo Wu曾这样说：

作为一名体育老师，我深信这样一个理念，那就是"更健美的孩子一定是更好的学习者，能获得更高的学术成就"。世界上的很多研究都支持此观点。在我自己所做的关于运动表现和学术表现关系的研究中，我得到很多有趣的研究成果。我发现拥有健康体格的孩子很少会请假或缺席重要的课程，同时，拥有健康体格的孩子通常都更有意志力，能够到达超越自身学术能力的境界。

全人教育的定义是关于人的全面发展，发展智能、体能和创造力。体育应该遵从全人教育的理念。体育老师需要具备培养孩子全面发展的能力，诸如体格锻炼、社交情感的发展，而不仅仅是帮助孩子养成规律健身的习惯。全人教育的课程通常可以从这两个系统中萃取最好的元素并加以实施，从而为孩子们提供极大的支持，帮助孩子们理解如何拥有健康平衡的生活方式。

我相信，在孩子幼年阶段，应该尽可能多地为他们提供参与体育运动的机会。通过体育锻炼，孩子们能够获得许多显性的优势，开发更多的社交技能，比如与同龄人交往的能力，团队合作的能力，对他人的同理心，尊重他人，等等。除此以外，我相信，他们能够锻炼更好的意志品质，比如面对挫折的能力，坚毅的品格，面对困境时的定力。

许多人仍然需要了解体育和体育运动的其他好处，如增加学生的心理韧性和毅力，提高社交能力和生活技能，这些都超出了传统课堂的范畴。健康仍然是重中之重。我希望通过体验专业体育教师提供的良好体育课程，可以帮助学生理解健康平衡的生活方式的基本原理，以及掌握打开通往学业和心理健康之门的钥匙，同时也为他们的个人生活带来成功和信心。

每年高一军训，我总看到有一些胖墩儿，连学校发的特大号军裤都无法穿上。教官组织队列训练，这些胖墩儿明显跟不上同伴的步伐。开学后，任课老师也反映，这些胖墩儿上课时常犯迷糊，爱打瞌睡，渐渐地，成绩也落后了。

孩子为什么这么胖呢？有的孩子确有遗传的缘故，但更多的孩子是因为在家庭生活中，父母过度地关注了养育、膳食、休闲方式不科学，且没有引导、安排孩子的运动，由此造就了一个胖墩儿。

有一次，我去观摩体育课，老师正在组织学生训练单杠引体向上。我看到好多孩子双臂有力、身手敏捷，但我也看到，有两个高个男孩，吊在单杠上晃荡，引体向上一个也做不起来。我问这两个孩子，平时是否注意锻炼，他们回答"较少"；我又问平时在家是否做家务，他们回答"几乎不做"。当时我就严肃地对他们说："什么叫素质教育？健康第一。像你们这样的年龄，引体向上一次做15—20个应该没有任何问题，希望你们加大每天的运动量"。一个月后，体育老师告诉我，两个男孩在单杠上的表现已达到正常的水平。

曾在中国工作了11年的资深英国学校管理专家，狄邦教育集团原学术总监John Birchall，在与我讨论东西教育差异时，曾说过这样一段话：

在中国的这些年，我认为最需要大刀阔斧改革的一个领域可能是体育教育领域。我所观察到的中国学校的体育教育，基本上是以大规模的集体训练为主，以传授体育技能为主，提高体育能力、向学生介绍各种运动方面的教育尝试则非常有限。良好的体育教学需要与其他科目一样拥有相应的课程规划，并且需要控制群体规模，使教师能够单独与学生互动或以小组为单位和学生互动。中国学校的体育教育的主要目标似乎是每天进行大量的集体锻炼，旨在保健，而不是让学生广泛地参加体育活动，并指导他们如何提高体育技能水平。期待每个学生都能找到一些符合他们兴趣的运动领域，并能够获得一定程度的成就感和乐趣。

体育在青少年发展中有着举足轻重的地位，不仅在树立青少年的自身形象和自尊自信方面，而且在促进良好的心理健康发展方面也发挥着突出的作用。在英国等许多国家，体育教育与健康教育往往是相结合的。通过健康理论课，教师指导学生如何健康、安全地生活。在青少年成长的岁月里，拥有体育能力和兴趣爱好等能有效防止青少年误入歧途。

长期的学校管理工作，使我深悟真正的素质教育必须坚持健康第一。搬入450亩*的新校区以后，我和体育组长刘忠庆、杨运飞老师商量，推出了"环道课间长跑"。天一中学3000多名师生每天都坚持以班级为方阵，在校园环道上慢跑1500米，各年级的孩子都参加。刚开始进行这项锻炼时，一些孩子甚至一些老师都有一些不理解，埋怨为什么要天天长

---

* 1亩≈666.67平方米

跑；也有不少孩子有畏难情绪，找各种借口开溜。但"环道课间长跑"坚持三年以后，孩子们跑出了体质，跑出了习惯，跑出了乐趣，跑出了朝气。一代代老生对新生讲，长跑不是一种形式，而是真实的素质教育。现在，环道课间长跑时队伍浩浩荡荡，孩子们精神抖擞。分管体育的副校长周斌曾向来访记者自豪地介绍："现在，我们有些学生跑了1500米还觉得不够，自己还加跑。还有越来越多的老师也主动加入了长跑的队伍。在连续多年无锡市高三学生体质监测调研中，天一学生的体质健康水平一直都名列前茅，常年坚持的课间长跑在其中起到不小的作用。这样的长跑不仅提高了学生的身体素质，更提升了学生的精神气质。"

有一年，巴西圣保罗足球俱乐部教练来访，我在惊羡巴西的足球为何拥有如此高的水平时，巴西教练说了一句深刻的话语："教育永远与运动同在。"

2010年，我校邓一波老师带队参加在中国香港地区慕德中学举行的两岸十城智慧铁人比赛，我校获得团体亚军。智慧铁人比赛是以高中学生团队为主体，兼具创意性、竞争性、持续性、体力性、耐力性、技术性和戏剧性的全方位教育性竞赛活动。活动结合了数十种闯关游戏及主轴任务，参赛队必须灵活运用课本知识，评审过程中更要求学生运用创意来解决问题。比赛的一个显著的特点是比赛时间特别长，参赛选手在尽量少休息、多争取工作时间的情况下要连续参加72小时的高强度比赛，不但要进行现场答题，而且要完成主轴任务方案设计、模型制作、电子展板设计制作、比赛过程视频的拍摄和剪辑等任务。这样的比赛对参赛学生来说，是全方位的综合素质的考验。回校后，邓一波老师颇有感慨地告诉大家，我校学生在本次比赛中获得了不错的成绩，不仅得益于天一学子在创造性、知识性方面具有的优势，良好的体质也发挥了关键的作用。过硬的体质让学生能在长时间的紧张比赛中保持旺盛的精力、精准的判断力与卓越的创造力。

我真诚地向年轻的父母建议：身体素质既是孩子们成长的本钱，更是孩子们生活方式的结果。由此"素质教育，健康第一"的教育理念也必须在家庭生活中得到时间上的保证。

喜欢运动是所有孩子的天性，如果说，今天有一些孩子不喜欢运动，我认为家长应该承担责任。不陪伴、不指导，甚至还不支持，这些做法让许多孩子的生活方式发生了变化。有的孩子总是宅在家中，休闲时间则总是手握遥控器或鼠标，这样的不健康生活方式应该改变。

江苏省教育厅2013年学生体质健康监督结果显示：视力下降是学生体质最突出的问题，超重排在第二位。这结果多么令人担忧呀！去年，教育部体育卫生与艺术教育司司长曾在新闻发布会上说：我们孩子的视力问题，已经到了极其严峻的地步。肺活量差、肥胖等问题也越来越严重。为了孩子的身心健康，请年轻的父母带着孩子走向户外，多沐浴在阳光下，在经常性的亲子运动中让孩子喜欢上运动，养成每日运动的生活习惯。

纵观许多社会人士的人生经历，我们会有这样的认识：人生其实只有一种真正的幸福：那就是身体健康。我可以看到，许多伟人、奇人，既有过人的智慧，更有超人的体力和精力；我们也痛心地看到，有许多英才，满腹经纶，胸怀梦想，但终因身体患病，含恨早逝。

北京大学前校长王恩哥曾说："人这一生需要结交两个朋友，一个是图书馆，另一个是运动场。"一个是蓄电，一个是放电。只会充电的孩子，可能赢得一时；学会放电的孩子，才会在漫长的过程中逐渐升华、感知，亲手点亮自己的未来。

如果说父母给予了孩子生命，那么对运动的热爱，则是每个父母可以送给孩子的一份厚礼。

年轻的父母，要保护孩子们的童性，让他们在阳光下尽情地挥洒汗水,在运动中懂得时间管理,认识合作的意义;他们应该在汗水中锤炼自己,加深对运动的理解,在激烈的对抗运动中,培育勇敢、坚毅,变得越来越自信,越来越刚健。

Connie是无锡狄邦文理学校初中部一个英籍女孩,高挑的个儿,一双大眼睛,脸上永远带着微笑。每每在校园里相遇,她总是极有礼貌地点头微笑。一次偶遇,她坐在轮椅上,我急问:"腿怎么啦?"她平静地告诉我:"骑马摔伤了(其实是大腿骨折了)。"几个月时间,我总见她坐着轮椅,去教室,到餐厅。

我开始关注这个英籍学生,也多次与她妈妈(Amy园长)交流,更多地了解到她的学生生活。周一到周五,她和其他同学一样,忙碌于学术性学习、社团活动等。每周的CCA(延展课程)时间,她则要去10多千米外的马场进行马术训练。周六、周日时,她的时间则全部泡在马场里,照顾她的爱马,同时进行专业训练。Amy园长告诉我,她喜欢骑马,就支持她。

期末,资优奖学金申请者面试(申请资优奖学金的门槛是学术优秀),我和Peter校长担任面试官。Peter校长问:"能否用三个关键词概括一下你的'资优'?"

Connie回答道:"时间管理、善良和领导力"。

我的问题是:"我注意到,你在马术运动中投入了大量的时间和精力,你的马术水平已达到专业级,同时,你的学术水平又很高,你是如何平衡这二者的?"

Connie略思考了一下,毫不犹豫地回答我"时间管理",然后她讲述了她的时间管理之道。

听了她的讲述,我和Peter校长都被震撼了。优秀孩子为何优秀?在她(他)的内心,一定有三个关键词:梦想、内驱力、毅力。

暑假前，我又在餐厅遇到了Connie，我说："Connie，麻烦你把你的'时间管理'写成文字给我。"三天后，Connie给我发来了包含以下内容的邮件。

作为初三的学生，我们在学校的压力是比较大的——不仅要保持身体健康，还要保持每一门科目的成绩。作为完美主义者，我对自己的要求会比妈妈对我的要求还要高，有时妈妈已经满意了，可是因为没有达到自己预期的目标，我还是会给自己一些"惩罚"。我"惩罚"自己的方式——我一般关闭手机或者（自我）限制手机使用时间。毕竟，我才15岁，这个年龄还是很容易被电子产品吸引，如果使用不当，确实就会造成负面的影响。

设定"自我惩罚机制"只是我为自己设计的目标导向的学习习惯中的一种。一般我一放学回到家就开始写作业，为了达到我设立的学术目标，我需要很努力、很认真地去学习，但我也会像其他人一样被电子产品所诱惑。我一般会用以下三种策略方法来管理电子产品：

1. 把手机交给妈妈保管，写完作业拿回来；

2. 把手机锁进红色的小盒子里，把钥匙给妈妈；

3. 妈妈不在的时候，我通常退出登录的微信并把手机调至飞行模式，放到不起眼的地方。用这种方法我可以让自己不被电子产品诱惑，不会总想着打开手机或时不时看一眼手机。

以上方法能让我做作业不拖拉，让我能在回到家脑子最清醒的时候写完作业，也可以让我最大限度地利用好时间，不浪费时间。我从小就养成了按时完成作业、不拖拉的习惯。

在写作业时不看手机是保持专注、有效利用时间的一个方法。另一个方法是制订时间规划。在每天回家的路上，我都会在脑子里规划一个时间表。我会想好哪些作业是明天交的、哪些是后天交的，每项作业大概要花掉多长时间，并且规划好吃完饭前必须要写完的作业。有了这样的目标和规划，我的作业一般都能按时完成。

周末的时间管理也是极为重要的，因为我有一个很耗时间的爱好——马术。在周末，我每天要上两到四个小时的马术课，还要打理几个小时的马。因为这是我的爱好，所以我一定不会放弃，一定会认真做好每个细节。我的每个周末都排满了各种与马术有关的项目，因此，为了保持优秀的成绩，我早上会比别人早起一个小时。有的时候，我五点就会起来学习。这样，我能比别人至少多学习一个小时。在安静的环境下，我能够吸收更多的知识。在安静的环境中高效学习也是我的一种时间管理方式。确保自己在一个安静的环境中学习，制订学习规划，努力减少使自己分心的因素，这些都是时间管理的重要组成部分。

我们相信：孩子热爱劳动，才会热爱生活

劳动，确实不是一个轻松的话题。

现在，越来越多的孩子已经不会做家务了，如不会做饭、不会洗衣。据媒体报道，有的大学生还会把成包成包的脏衣服快递回家，让妈妈帮着洗，洗干净后，家长再重新给他寄回来。听到这样的行为，教育工作者真的"无语"。

我曾几次走进国内多所大学的宿舍，宿舍的外部环境、内部设施都可以，但走进宿舍，绝对是"脏、乱、差"。2013年夏天，应加拿大多伦多大学的邀请，我与中国的十多位校长一起访问多伦多大学。多伦多大学的张柏松教授给我们看了一段中国留学生公寓内部卫生情况的视频，当时在场的多伦多大学国际部主任杰克·马丁说了这样一句话："这样的卫生状况，不能容忍。"

中国孩子宿舍内的这种状况真的只怪孩子们吗？父母以疼爱的理由代办了一切家务劳动，沉重的学业负担使孩子们没有参与家务劳动的时间。在中小学校园中，一些孩子不愿意做卫生工作，做值日生时，态度不认真、不积极；大扫除时，无论给他派什么活儿，他都嫌脏嫌累，想尽办法偷懒；班干部竞选时，劳动委员也是竞聘人数最少的职务。最可怕的是，受功利文化的影响，部分时尚媒体的诱导，已有不少孩子变得以劳动为

耻，他们对"劳动最光荣"的说法很难认同。他们认为劳动是可以花钱买来的，现在家务由爸妈做，将来家务可以由钟点工做，自己怎么可以做钟点工的活儿呢？

中国孩子是天生不爱劳动、不会劳动吗？

中国青少年研究会家庭教育研究专业委员会童家松先生近年主持的一项针对1666名三年级到八年级学生的调查结果显示，"愿意和大人一起干家务"的学生比例高达93%，"愿意学做家务活儿"的高达92.7%。当问及"劳动对自己有什么好处"时，77.6%的孩子选择"培养自己的能力"，67.2%选择"在劳动中获得快乐"，这些说明孩子们很看重劳动对于自身成长的积极作用；71.2%的学生不同意"现在的孩子是懒惰的一代"的说法。

可是为什么在现实生活中，孩子们就缺少劳动热情呢？

首先，家长的劳动价值观对孩子劳动意识的形成有重要影响。调查表明，54.4%的长辈说过"你好好学习就行了，家里的事用不着你管"，41.4%的长辈说过"你不好好学习，将来就去扫马路（或去种地）"，44.8%的长辈说过"学生就是要学习好，闲事少干"，44.48%的长辈说过"看你笨手笨脚的，这点事都干不好"，54.7%的长辈说过"去干你自己的事吧，别在我这儿添乱了"。

进一步分析结果显示，经常听长辈说这些话的孩子，对洗碗、扫地这类简单的家务活儿表示"没兴趣做"的，明显多于长辈从没说过这类话的孩子。一个四年级学生说："我觉得好多像我一样的孩子害怕劳动，是因为怕大人说他笨、不会做，这就形成了恶性循环。"

在不少中国家庭中，爸爸妈妈愿意包办孩子生活中的一切，他们经常会对孩子说："只要你学习成绩好，什么家务都不要你做。"这正是在清楚地告诉孩子，劳动远没有成绩重要。也常见这样的教育方式，爸爸妈妈对孩子说："你若不好好读书，将来就到工厂、车间当工人。"在有些学校班级的墙上还可看到这样的规定：作业不交，罚扫地一周；上课迟到，罚搬运纯净水一周。在上述家长、老师的教育中，劳动似乎是一件不光彩的事情，劳动者地位也是低下的，孩子们努力向上的目的就是可以不劳动。深思一下，这样的家长与老师都教会了孩子什么！

苏霍姆林斯基曾这样教育自己的孩子，"面包是神圣的。我们的语言中有成千上万个词汇，但是应该放在第一位的，我认为是三个词：粮食、劳动、人民"。尊重和热爱劳动，做一个能为社会创造财富，为自己、为他人创造幸福的人，是苏霍姆林斯基家教思想的核心。

就个体而言，自理劳动是一项基本技能。只有会做饭，才能填饱肚子；只有会洗衣，才能衣着整洁。劳动也是个体生存的手段。马克思说过劳动创造价值，只有劳动，才能换得生活资料。就社会而言，个体劳动是社会存在与发展的前提。这些道理虽显而易见，家长们也都懂，但他们总说"孩子现在还小，长大自然就会做事了"，或者"学习已经很紧张了，做家长的能帮他一点就帮一点吧"。

我一定这样说：错！劳动应该是一种生活习惯，需要从小培养；劳动是一种美德，不劳动的人不懂自律，也不懂得珍惜。如果你不让孩子从小接受劳动教育，他失去的不仅是自理的能力、吃苦耐劳的精神，他还将失去尊重他人劳动的品质，以及对人、对己的责任感。

在芬兰考察时，我们走进了芬兰许多学校的课堂，看到课堂上活跃着一个个小裁缝、小木匠、小厨师，心中更多的是感慨。缝纫、木工、烹饪，这些经常在国内某某技校广告中看到的课程，在芬兰，无论在小学还是初中，都是被写进教学大纲的"必修课"，"自我照顾和生活技能"也被列为芬兰所有学生应对未来的七项基本能力之一。

如何让孩子喜欢劳动？我们可以从美国家庭的做法中吸取一点经验。在美国，大多数的孩子都有家务活清单。父母认为，孩子参与做家务，不仅仅可以减轻父母的负担，更重要的是，可以让孩子们更好地体验到自己是家庭的一员，培养孩子的独立性和责任心。根据年龄大小，为他们分别设计了家务活，比如：9—24个月，自己扔尿布；2—4岁，扔垃圾，整理玩具，浇花，喂宠物；5—7岁，铺床，摆餐具，擦桌子，收拾房间；8—12岁，做简单的饭，清理洗手间，使用洗衣机；13岁以上，换灯泡，做饭，洗衣，修剪草坪。

年轻的父母一定要重视，劳动习惯是一种重要的素养，参与劳动过程是素质教育的重要一环。

2020年，《中共中央、国务院关于全面加强新时代大中小学劳动教育的意见》文件颁发。和读者分享文件中的若干要求，具体如下。

- 劳动教育是中国特色社会主义教育制度的重要内容，直接决定社会主义建设者和接班人的劳动精神面貌、劳动价值取向和劳动技能水平。
- 把握劳动教育基本内涵。劳动教育是国民教育体系的重要内容，是学生成长的必要途径，具有树德、增智、强体、育美的综合育人价值。实施劳动教育重点是在系统的文化知识学习之外，有目的、有计划地组织学生参加日常生活劳动、生产劳动和服务性劳动，让学生动手实践、出力流汗，接受锻炼、磨炼意志，培养学生正确的劳动价值观和良好的劳动品质。
- 明确劳动教育总体目标。通过劳动教育，使学生能够理解和形成马克思主义劳动观，牢固树立劳动最光荣、劳动最崇高、劳动最伟大、劳动最美丽的观念；体会劳动创造美好生活，体认劳动不分贵贱，热爱劳动，尊重普通劳动者，培养勤俭、奋斗、创新、奉献的劳动精神；具备满足生存发展需要的基本劳动能力，形成良好劳动习惯。

- 根据各学段特点，在大中小学设立劳动教育必修课程，系统加强劳动教育。中小学劳动教育课每周不少于1课时，学校要对学生每天课外校外劳动时间作出规定。职业院校以实习实训课为主要载体开展劳动教育，其中劳动精神、劳模精神、工匠精神专题教育不少于16学时。普通高等学校要明确劳动教育主要依托课程，其中本科阶段不少于32学时。除劳动教育必修课程外，其他课程结合学科、专业特点，有机融入劳动教育内容。大中小学每学年设立劳动周，可在学年内或寒暑假自主安排，以集体劳动为主。高等学校也可安排劳动月，集中落实各学年劳动周要求。

- 家庭要发挥在劳动教育中的基础作用。注重抓住衣食住行等日常生活中的劳动实践机会，鼓励孩子自觉参与、自己动手，随时随地、坚持不懈地进行劳动，掌握洗衣做饭等必要的家务劳动技能，每年有针对性地学会1至2项生活技能。鼓励学校（家委会）和社区等组织开展学生生活技能展示活动。学生参加家务劳动和掌握生活技能的情况要按年度记入学生综合素质档案。鼓励孩子利用节假日参加各种社会劳动。家庭要树立崇尚劳动的良好家风，家长要通过日常生活的言传身教、潜移默化，让孩子养成从小爱劳动的好习惯。

我们相信：孩子懂得感恩，才有责任

每次与孩子们谈起爸爸妈妈，我总会对孩子们这样说："几十年的教育经历和我的人生经历告诉我，妈妈对孩子的爱、妈妈为孩子成长所付出的一切，真是人世间最真实、最伟大、最无私的奉献。"我多次在学生集会上这样讲，世界上最广阔、最深厚的是大海，但比大海更广阔、更深厚的绝对是父母对孩子的爱。每个人的一生中，父母的爱都无处不在、无时不在。

我曾好多次在学生大会上动情地说："我的生活经历、我的教育经历、我的学校管理经历告诉我，血缘蕴含的父爱、母爱，仅仅用一个'爱'字实在是难以描述的。"

我曾好多次在孩子们的周记本上这样写道："随着你们慢慢长大，你们一定会懂得，爸爸妈妈的爱是你们一生一世都报答不了的深情。"

我曾好多次在学生会议上对孩子们讲述这样两个伟大母亲的故事：

欧洲有一对母女，去阿尔卑斯山度假滑雪，遭遇雪崩被埋。母女俩在雪中挣扎了两天两夜，几次看见前来搜寻她们的直升机，都因她们身穿的滑雪装是银灰色，而未被发现。终于，女儿因体力不支昏迷过去。女儿醒来时发现自己躺在医院里，医生告诉她，是母亲用生命救了她。原来，是母亲割断自己的动脉后在雪地里爬行，用自己的鲜血染红一片白雪，直升机才因此发现了目标。女儿痛哭起来，她一直以为做清洁工的母亲是极其卑微的，甚至曾以母亲的卑微为羞耻，但是在这一瞬间，她发现母亲原来是如此伟大！在这次雪崩灾难中，在迟迟得不到救援的生死关头，母亲用感天泣地的行为，用自己动脉里流淌的鲜血，为女儿指引了生命的方向！

还有一个《血色母爱》的故事则发生在中国唐山：

唐山大地震中，一对母子被深深压在废墟下，母亲半个身子被混凝土板卡着动弹不得。七八个月大的婴儿在她的身下却安然无恙。几天后，救助人员挖洞接近这对母子时，母亲刚刚咽下最后一口气，而那婴孩口中还含着母亲的食指。抱起孩子，发现母亲的食指只有半截。原来，母亲在危难中一直用乳汁延续着孩子的生命，乳汁被吸干后，她拼命咬断了自己的手指，用鲜血让孩子存活了下来。

每一次听完我的讲述，孩子们都泪眼蒙眬，低垂下头，半晌无语。

但我们又看到这种现象：今天的独生子女，每一个都在父母、祖辈的过度呵护下长大，生活在富裕环境中的孩子们，完全没有了在贫穷时代风霜雨雪中求生存、在同伴相争中求生存的历练，很多孩子由于父母的一切包办，他们几乎生活在平静的环境中，没有了多种多样的成长性体验。甚至由于是家里的独生子女，许多孩子习惯了在家庭生活中呼风唤雨的"主尊"地位，"唯我"思想强烈。由于缺失兄弟姐妹间相互争吵又相互关心的体验，独生子女已不懂得谦让为何物。估计今天有不少孩子听了《孔融让梨》的故事后会不解：孔融的妈妈为什么不多花点钱给大家都买大梨呢？

我曾亲历了这样一件事：

一个周末，一位妈妈忙碌了一上午，杀、洗、清炖了一只鸡，用保暖桶装了来学校看望寄宿的孩子，但儿子因想吃鱼，并不满意妈妈带来的清炖鸡，在食堂里当众把保暖桶一摔，语言冲动，行为对妈妈大不恭。但妈妈却毫不生气，连说：儿子，对不起，对不起，我下次一定带鱼来。

目睹情况以后，我把这个孩子叫到了办公室，并对他的不良行为进行了严肃批评。但看得出，孩子对我的批评并不服气，他说："上次电话中我已跟妈妈说过，我不想吃鸡，想吃鱼。但妈妈根本没有记住我的话，况且，妈妈也说是因为工作忙，忘了我的话。"面对振振有词的孩子，我意识到，孩子内心认为，妈妈为他做的一切都是应该的，孩子内心认为，妈妈没有记住他的要求。

我让孩子坐下来，对他说："孩子，请你先思考一下，你知道妈妈从买、洗到炖好一只鸡，再送到学校，需要多少时间吗？你知道，妈妈来校，送的不仅仅是饭菜吗……"孩子渐渐低下了头，泪流满面，为自己对妈妈的不恭而深感愧疚。

我在与孩子谈完话后，与孩子妈妈通了电话，当妈妈听到我要孩子回家向她道歉时，她似乎很着急，连声说："不要不要，是我错了，孩子没有错。"妈妈还说："我这孩子从小就任性，我一直让着他，现在孩子大了，只要他学习好，任性就任性一点吧。"

我对这位妈妈说："你错了，孩子还是孩子，当孩子出现错误行为的时候，必要的教育和引导是必需的，抓住一个教育机会，校正一种任性行为，就是帮助孩子向前进一步。"

当天，孩子回家向妈妈正式道歉。

后来我又遇到这位妈妈，她告诉我，孩子似乎变了……

我想提醒年轻的父母，感恩教育并不仅仅是情感性教育，它更是一种道德教育。

家长们必须确认，培养孩子的道德素质不仅仅体现在学校教育中，更需要家长们一起努力，在家庭生活中，在孩子对待父母、对待长辈的一举一动中，让孩子学会感恩，在感恩的基础上提高自己的道德素养。

不要用财富阻挡了孩子前进的步伐。老洛克菲勒发自内心地认为："给人带来伤害的最便捷的途径就是给钱。"所以，老洛克菲勒在世时曾经考虑过不把自己的财富留给自己的孩子，而全部捐赠给慈善事业。孩子小时候，老洛克菲勒严格控制孩子们的零花钱。洛克菲勒虽然是美国财富的标志，但洛克菲勒家的孩子过得比其他美国富豪家的孩子要简朴很多。这也可以解释为什么很多美国富豪家族在坚持两代后就消失不见，而洛克菲勒家族却在拥有两个世纪的至高荣誉后依旧欣欣向荣。

洛克菲勒的家庭教育旨在让孩子们不仅感受到富有的家庭环境，更加拥有富有的内心。洛克菲勒财富帝国的第六代传人尼古拉斯·洛克菲勒于2003年来过中国，《新闻周刊》采访他："你生来就是一个富人，那么你是怎么看待财富的呢？"他说："我觉得，可以有很多途径体会到富有。我生活在一个充满快乐、有爱心的家庭，我感到富有，我很庆幸认识到了家庭的价值。我们拥有金钱，并不意味着我们不用努力工作，事实上我们的兄弟姊妹都在辛勤工作，而且工作得很出色。"

洛克菲勒家族的家庭教育归根结底就是做人教育。父母教导孩子们学会感恩，学会放弃自己的优越感，融入普通人的生活，以培养孩子的自立、自强、自尊。老洛克菲勒积极投身慈善事业，就是要孩子们保持一颗平凡仁爱的心。等到他们能够自立才把财富交给他们，是让他们明白，自己要为自己负责。家族交给他们的财富是前辈的功勋。

我们相信：生活中孩子们遵守规则，才有美丽人生

塞缪尔·亨廷顿有句名言："人类可以无自由而有秩序，但不能无秩序而有自由。"我也曾写过这样一段话。

在我们的教育实践中，教育工作者已经在痛切地反思：我们极大地重视了孩子们的知识与技能的发展，但传统教育在相当程度上忽视了孩子们德性与人格的培养；我们重视了远大目标的灌输，但传统教育没有培养孩子们最基本的礼仪习惯、文明的生活习惯，以及良好的社会公德和道德素养；我们片面地把"全面发展"理解成了"总分发展"（或称"全科发展"）；我们给了孩子们伟大的人生理想，但我们没有夯实孩子从自然人走向社会人所必需的基本素养。面对当今孩子中确实存在的信念淡漠、品德障碍、道德感缺失等问题，老师和家长们都应该强化"立德树人"的根本意识。

我想对年轻的父母这样说：我们在关注孩子们的身体发育、知识增长及技能提高的同时，更应该关注每一个孩子德性的发展。在家庭生活中则应该做得更具体一点，更有过程性一点，把培养孩子的责任感、诚实的品质、与人相处的礼仪、对自然的尊重与敬畏、对恪守社会秩序的自觉等素

养，放在教育的重要地位。

我曾在《窗内窗外》一书中写过以下文字：

初访欧洲的国人应该都会有这样的感受：欧洲到处静悄悄。无论是在人如潮涌的车站还是在拥挤的卢浮宫欣赏《蒙娜丽莎》油画的人群中，你几乎听不见吵闹声，更听不见大声吆喝，一切都那么有序，那么安静。这使我们这些习惯了大声喧哗、习惯了旁若无人兴奋交谈的人深深感受到这种宁静的无穷韵味。

我深悟，宁静才有和谐，和谐才有美丽。

初访欧洲，当地的交通礼仪给了我很大的震撼。我总结了对欧洲交通的印象：一是"车等人"，当斑马线上有人在行走，汽车会悄然停车，即使面对行动迟缓的老人，驾驶员也不会鸣笛，总是耐心地等待人们走过；二是"人等车"，当人行灯为红灯时，即使路上没有汽车行驶，行人也总是静静地站在路边等待，待绿灯亮时才通行。看到这种场景，内心的敬佩油然而生。

安静、遵守规则，这些基本的素养都因看似简单而易被人们忽略，但其实是非常重要的素养。最初的人们有可能并不具有这些素养，经过长期的规则约束，渐渐积淀成了素养。素养代代相传，便融入了每一位公民的血液，社会生活也因此实现了井然有序。可见，在形成素养之前，规则的约束是必要且重要的。

同样，在一次去欧洲的飞机上，我再一次读懂了这种已沉淀在公民血液中的素养。走进飞机，已坐在我旁边座位的一对外籍母子看见我坐下时，给予了我温暖的微笑。在这微笑中，我感受到的是友好。这母子二人每人手中都有一本书，坐在那儿静静地看书。10多个小时的飞行中，母亲常常抬起头，深情地看着儿子，充满了慈爱，儿子也常抬头看看母亲，悄悄说上几句，二人间更多的是目光的交流。

一直以来，我认为传统的基础教育已非常重视学生行为教育，因为好多学校有那么多条条框框，有那么多常规考核与评比，但仔细比照学生真实的行为习惯，还是遗憾地发现，落实效果并不理想。一些德育工作者也很不解："我们也尽心尽力组织了很多评比，但学生仍没有养成好的行为习惯，问题究竟出在哪里呢？"在中外比较教育研究中，我认为，传统德育仍然有"运动式""口号式""走过场"之嫌，学校教育重视了行为的表层量化评价，忽略了学生对规则的真正认同，教育行为虽然常有轰轰烈烈的"整治"，但社会文化中的"规则意识"不够强烈，中国家庭生活中缺乏生活化、细节化的"规矩"教育很多，但很多家长并不重视礼仪、规则等的过程性培养。

江苏省教科所原所长袁金华曾说："教育其实是很实在很细致的积累，从低到高，从浅入深，一步一步做好，日积月累，必见成效。"事实的确如此。对孩子们行为规范与习惯的培养，一定要从细微处着手，把对孩子的要求具体化，而且，这种教育、指导一定是过程性的教育、指导，具有"即时""即事"的特点。就这一点，我们可以从日本学校对小学生的行为习惯培养方式中得到一些借鉴。袁金华在《教育的朴实》一文中提道：日本小学新生开学前，学校会寄给家长一封信，说明他们对一年级新生的教育目标是"体质、习惯、兴趣"，然后围绕三个方面提具体要求。例如，建议早上起床和晚上就寝的时间，以及对下午1点30分学校放学后的家庭活动提建议；开学第一周允许家长陪伴孩子进校、回家，第二周起，孩子就要戴黄色学生帽独立步行上下学；要求孩子选择1—2项体能游戏项目，每天坚持练习；要求孩子每天临睡前整理好书包，削好铅笔；要求孩子上体育课要穿短袖、短裤的运动服，星期六要自己洗干净运动鞋……在家长的配合下，学校通过这样一点一滴的小事，让孩子们懂得并遵守了规则，也学会了坚持。

同样，在美国北卡罗来纳州一所高中的教室内，我看到了这样的教室规则：不吃糖，不吃口香糖，不喝汽水；要说话，请举手；把书包放在地上；不在桌子上写字；不迟到，不早退；不乱丢垃圾。简简单单的几条规则，似乎德育目标设置得很低，但带来的效果是教室内整洁有序。

在无锡狄邦文理学校的艺术教室里，我不仅看到了艺术老师对学生的鼓励："每个孩子都是艺术家"，也看到了这样的教室规则：站在椅子后面，听从老师的要求；请提问举手；安静地学习，不打扰他人；看白板，认真听讲；和其他同学一起讨论……

反观传统的教育，中小学常规管理多有各种量化性考核与评比，学校的德育部门每天"虎视眈眈"地注视着孩子们的一言一行，孩子们在校园里比较听话，是因为怕扣分。但当学生走出校门，或者当班主任离开的时候，孩子们就可能表现出不同的行为。为什么呢？我认为，既有学校传统德育话语太"高、大、全"的问题，更有家庭教育里忽略了平凡生活中细节化的熏陶、养育的问题。

在我任职天一校长期间，天一中学国际部先后有三任学术校长——Steven Roth，Steven Woolbert，Fred Voelkel，在与他们六年多的合作中，我能明显地感到他们都非常重视规则教育。我曾聆听了Steven Woolbert在AP2013届毕业典礼上的发言，在这么隆重的场合，Steven Woolbert先生却讲了一件细小的事情。细读之，不难发现，这是Steven Woolbert先生以穿校服中发生的争议，对学生进行了规则和责任的教育。

明天你们就不用穿校服了。事实上，你们过去在校服这件事上纠结了那么久。那么，为什么你们在过去的一年里把校服的问题搞得这么复杂呢？让我们来看看是否可以从科学、哲学、社会学和心理学的角度，更深层次地看待校服问题。

如果今年你上过我的心理课，那么，你一定知道我们经常会谈论到诚以待己的话题。我认为人类对待自己并不坦诚。我也认为这是出于人类自身的一种自然应对机制，人们通过这种方式来活得轻松一些。极端来讲，可能会有点危险，但大部分人对自己或多或少会有不坦诚。当我问学生们为什么不愿穿校服时，好多人的回答并不诚实。他们并没有意识到自身的不坦诚，但情况确是如此。

有人说是因为校服穿着不舒服，但我觉得这简直就是一派胡言。我本想用一个语气更为强烈的词，但对今天的场合而言不大合适。你们的校服是你们能穿的衣服中最为舒适的。你们不穿校服时的第一选择是穿牛仔裤。你可以花一整天跟我争论，但科学是站在我这边的。上网自己看看吧，牛仔裤是你能穿的最不舒服的裤子。它们是为了耐穿设计的，而不是为了穿着舒适。牛仔布是最粗糙、最厚实、最不柔软的布料。它的接缝（顺便说一句，我调查过了，这叫作平缝），对闲逛者来说简直就是场噩梦。我能证明这一点。当你回家休息（或睡觉）时，你不会从衣柜里抽出牛仔裤穿，你会寻找睡裤或其他质地柔软的衣裤。事实上，你们中有些人把校服改得更紧了，更不舒适。

你们说校服不够暖和。其实呢？不管你们冬天穿什么，你们会在校服里穿保暖的秋裤和毛衣。这不是一个客观的争论。

如果你说"我不喜欢被人要求穿这穿那"，或者"校服不能彰显我的个性"，我会尊重你的上述回答，我们还会展开一次十分有趣的对话。但我不会改变规则。

规则永在，我无法想象一个没有规则的未来。我并不喜欢所有的规则，有的我选择接受，有的我尝试改变，有时候我努力争取。我希望我努力争取的东西是有意义的。我坚信总有更好的办法，但有的时候你就是得遵守这些规则。

Steven Woolbert 先生的最后一段话很值得我们思考。规则永在，因为人们之间的和谐相处需要它，集体的生活需要它，社会的和谐也需要它。今天的教育或许应从一些细节入手，从一个又一个具体化的事件中来帮助孩子树立规则意识。

当我们重新审视学校制订的一些中小学生行为规范，重新审视许多家庭常态的教育行为时，我们是不是应该有这样的认识，今天的家庭教育应该进一步从一件件小事抓起，在一丝一缕的细节中去养成孩子们的生活习惯和规则意识。面对孩子们生活中的每一天，面对孩子们行为中表现出来的某些不良习惯，用"家风"的力量去培育孩子种种优良习惯。

🌿 本章关键词

家庭课程　习惯培养　健康第一
劳动伟大　学会感恩　遵守规则

🌿 本章重点讨论题

1. 家庭课程将奠定孩子们哪些关键素养？

2. 儿童习惯的培养首先可以从哪些方面着手？习惯培养中，应该特别重视哪些基本习惯？

3. 你是如何理解"教育与运动同在"的？

4. 今天的孩子为什么不愿意劳动？

5. 家庭生活中，如何培养孩子们的劳动习惯？

6. 为什么要重视感恩教育和规则教育？

第四章

我们相信:
不同学段的孩子成长中,
应有不同的教育关键词

第四章 我们相信：不同学段的孩子成长中，应有不同的教育关键词

在与许多老师、学生、家长的交流中，我有了越来越清晰的认识，在不同的学段，孩子们的成长需求是完全不一样的。

对农业生产来说，掌握作物播种的时机，生长的季节性——"节气"极为重要。对年轻的爸爸妈妈来讲，研究和把握孩子们成长的教育"节气"，对科学帮助孩子们的健康成长也显得非常重要。

在加拿大多伦多大学培训期间，我曾走进了多大生物系的实验大楼。Herbert Kronzucker 教授绝对是一位对工作充满了热情与自豪的科学家。他不仅热情地欢迎我们，更滔滔不绝地对我们讲述他的研究方向、研究成果。好多次，他忘记了我们是中国人，需要翻译，他似乎也忘记了我们并非研究水稻、小麦的专家，越讲越专业。在讲解过程中，他似乎也忘记了时间。看得出，这是一位热爱作物研究的科学家。他告诉我们，解决人类的吃饭问题，是生物科学家的责任。他和他的团队研究的主要方向是土壤中各种营养成分对水稻、小麦生长产生的影响。

他告诉我们，他的研究团队的试验田已遍布于亚洲、非洲、北美洲，跨越热带、温带两大区域。他告诉我们，土壤中的元素对作物的栽培、生长、丰产有很大的影响。他还告诉我们，不同生长期的水分、温度，都会影响作物的产量和质量。

通过长期的教育实践性研究，我深信教育是农业。在孩子们成长的不同学段，家长是否了解孩子的成长需要，能否正确把握不同学段的教育关键词，已显得极为重要。结合40多年的教育经验，我向年轻的父母推荐，在孩子们的成长中，在不同学段，以下教育关键词极为重要：

幼儿园：陪伴、好奇心。

小　学：习惯、阅读。

初　中：性格、领域兴趣。

高　中：梦想、勤奋。

大　学：领导力、创造力。

我们相信：有了童年的欢乐，才有儿童天性与好奇心的成长

不知从什么时候起，"不要让孩子输在起跑线上"开始流行。更严重的是，还有许多年轻的父母迷信这是真理。缘由可能是，一些培训机构，一些民办幼儿园、民办小学完全出于商业的功利目标，千方百计地加以鼓吹，于是，一句极为诱人的口号"不要让孩子输在起跑线上"扰动了许多家长宁静的心田，它使许多幼升小、小升初的父母陷入了焦虑。一些父母像"猎犬"一样，四处"嗅闻"着让孩子快速成长的"成功秘诀"；一些急躁的父母像承包果园的果农一样寻觅着各种"催生素""早熟剂"；一些虚荣、功利的父母以自己孩子考试"成功"的个案，片面地夸大自己的家庭教育经验，误导了许多盲从的家长。

每当"考试季"来临，许多年轻的父母更是寝食难安，想尽一切方法联系"名校"，寻觅"名师"；许多家长想方设法，不让孩子有玩的时间，不让孩子有自由支配的时间，"提高一分，干掉千人"这样极端的"励志"标语出现在某些学校的试卷上；一些家长强逼孩子超前学习知识，许多家长强制要求孩子学习钢琴、绘画等各种才艺，许多家长像教务主任一样忙碌着安排孩子节假日的课表，有些家长甚至成为苛刻的家庭"看守"，监视着孩子的一举一动；也有父母甚至成为"家庭教育的暴君"，使孩子成

长中出现了令人发指的"虎妈""狼爸"……

　　许多本该幸福嬉戏的儿童坠入了"起跑线竞争"的痛苦深渊。在一些大中城市，刚上幼儿园的孩子就开始忙碌着参加各种号称"激发学习潜能、增加竞争优势"的培训，双休日变成了"双学日"。有的幼儿园已完全不是幼儿园，而成了一种"小学预备学校"，在这样的"预备学校"生活，游戏在减少，知识学习在增加，童心、童趣在泯灭，园长、老师、家长们都忙碌着在"秧田"中栽种大树。

　　《新民晚报》曾报道，中国孩子的竞争起跑线普遍提前。文中这样写道：

　　近日发布的《中国家庭育儿方式研究报告（0—6岁）》显示，包括上海在内的中国特大型城市里，婴幼儿家庭的月均育儿支出占家庭总收入20%；中国孩子的竞争起跑线不断前移。

　　中国孩子的竞争起跑线普遍提前，已从过去的小学阶段，提前到出生后的第18个月。43%的妈妈认为，竞争的起跑线在胎教。虽然超过80%的妈妈赞同"身心健康比学习知识更加重要"，但仍有65%的妈妈认为"绝不能让孩子输在起跑线上"。在本次调查中，让孩子6岁前就开始学识字的家庭高达100%，还有38%的妈妈让孩子在18个月左右就开始识字。6岁中国孩子的普遍识字量已达750个，相当于小学二年级上半学期的水平。

　　一名妈妈告诉我："虽然孩子刚4岁，但受同事们的影响，我脑子里的弦已经绷上了，开始考虑孩子幼升小和小升初的问题。"她一个同事的孩子正上幼儿园大班，周一到周五的晚上分别安排了数学思维训练、绘画、围棋、跆拳道、识字，周末白天学钢琴和英语，一共报了7个班。

　　有一年，我在一所著名小学参加百年校庆，孩子们演出的节目竟然是《大书包》。几十个孩子佝偻着腰,沉重地走着,挣扎地唱着:"书包太大了,书包越来越大了,书包太沉、太沉、太沉了,作业太多、太多、太多了……"坐在校庆会场,周边是百年校庆喜庆的布置,到处是鲜花与笑容,但看着孩子们的演出,全场肃然,一种心痛直击心灵。我想:孩子们怎么可以没有在田间小路奔跑、上树摸鸟、下河逮鱼的金色童年?究竟是谁让孩子们陷入了这种苦海?

我十分担忧:儿童本该生活在乐园里,但今天的事实是,许多儿童的生活已没有了童性的味道,他们的生活变得如此单调、枯燥,许多儿童挣扎在知识学习、技能培训的海洋里。

为什么孩子们幼年时满怀喜悦地走进幼儿园,但一路学习下来——从小学、初中、高中到大学,孩子们的厌学情绪却在滋长?为什么高考结束,许多学生纷纷扔掉讲义、书籍,高呼"解放"?为什么大学里会出现众多的"休闲者",而非学习者?

并不是东方的孩子不喜欢学习,而是他们不喜欢目前的学习方式;也并不是孩子们没有终身学习的意识,而是过早的学习与过度的压力渐渐消磨了孩子们学习的兴趣,过早、过重的训练使孩子们对学习产生了恐惧。

试想一下,起跑线上的幼童身上已背负着沉重的"石磨",他能跑得更快、跑得更远吗?

我曾写过这样一段文字:

每年高考之后,许多学生愤愤扔掉讲义,扔掉教材、教参,这种现象应该引起我们高度警觉了。目前这种"中国式考试"消耗的不仅是一个孩子的学习热情和兴趣,牺牲的更是全人的教育和真正的学习。如果我们的教育教出了一代又一代厌学的孩子,那真是非常可怕的。

著名教育家陶行知先生这样主张儿童教育:

"解放孩子们的手,让他们尽情去玩;解放孩子们的脚,让他们到处去跑;解放孩子们的脑,让他们自由去想;解放孩子们的嘴,让他们随意去唱去说。"

静下心来思考,在孩子的成长中,幼年、童年、少年、青年,其学习形式和状态,学习内容的广度和深度,一定是不一样的。

幼儿园,应该捍卫孩子们的童心、童趣,突出两个关键词"成长的欢乐""好奇心的成长",简言之,"让幼童尽情地玩""在游戏中成长"应该是儿童课程的基本原则。

我在与无锡狄邦文理学校幼儿园园长、来自英国的Amy女士讨论幼儿园教育的关键词时,Amy园长写给我这样一段文字:

对于幼儿教育来说,什么是重要的?孩子从出生到六岁之前的成长和变化非常大。在幼儿园的那几年,他们所经历的变化让他们几乎每一年看起来都是不一样的。

社交情感发展,特别是自我调节技能、柔韧性和自信心是非常重要的。这三个关键的社交情感领域对儿童的生活影响最大,并且与今后的学习、工作和生活的成功与否有着直接的关系。在幼儿期,我们有着最好的机会来影响儿童这些领域的发展。从出生到六岁这段时间是发展自我调节技能、柔韧性和自信心的敏感时期。

"德内丁研究"是新西兰的一项纵向健康和发展研究,它以及许多相关的研究项目得出的结论是,"儿童时期的自我控制对以后的生活成功与否有着重要的影响"。他们还观察到,对自我调节进行干预,提供支持,会对孩子产生积极的影响。这意味着,作为父母、照顾者和教育者,我们有机会通过为他们提供支持,即在他们小的时候帮助他们发展社交情感领域,来积极影响孩子将来的生活。

自我调节是指引和控制个人行为的能力。我们如何与他人互动，如何及何时做出选择，如何对挫折做出反应和回应，以及如何应对任务或目标，都是自我调节的一部分。自我调节从幼儿期开始贯穿青少年时期和整个成年期，对我们相关能力的产生与发展有直接影响，并与我们的生活质量有着很大关联。通过不断抓住适宜的机会来测试我们获得的技能，在家人和学校提供的指导和支持下，我们学习如何回应，并做出对我们自己和我们周围的人有帮助的选择。通过坚持不懈，做出承诺，从失望中恢复，犯错误，不断尝试，管理愤怒、悲伤、兴奋，并在混乱中管理和工作等，我们获得适当的经验，从中发展了自我调节的能力。自信心随着不断地应对挫折而增长，应对各种挫折的柔韧性也随之发展。

为了适当地促进孩子社交情感的发展，我们必须正确地对待它。我们需要了解孩子的自然生理和社交情感成长阶段，并提供适合发展的经验和支持。我们的角色不是确保儿童在任何时候都快乐并总能得到他们想要的任何东西，这对他们没有帮助。这不是一个真实的环境，我们都知道生活带来了挑战和失望，就像它带来了成功和满足一样。我们的角色也不应过于严格，如严格地管理时间，以至于孩子们没有机会做出选择，探索他们的好恶，或者不得不放纵自己。自信的孩子不会感到无聊，他们会想办法在环境中娱乐或充实自己。当提供给儿童各种各样的合适经验，他们会在这些重要的社交情感领域得到发展。这些经验包括他们被指望做出选择，有机会调节自己的需求，并探索他们的好恶等。提供给孩子游戏、探索和发现的环境，并在教师的指导下预估风险并消除危险是关键。教师协助孩子进入社交情境，需要时提供指导，帮助他们克服困难、设计自己的游戏和学习，建立和管理社交关联。在这样一个激励性的环境中，每个人的声音都被倾听，自我调节技能、柔韧性和自信心得以发展。

大脑的前额叶控制着人的高级思维，包括决策和冲动管理，直到25岁左右才会完全发育成熟。从出生到成人，我们不断修剪和强化自己的脑神经末梢。我们成长过程中的体验影响着它被修剪和强化的程度。儿童大脑前额叶的发展和成熟取决于儿童的体验。鉴于此，理解我们作为父母和教育者的责任，显得更为重要。在儿童早期，我们强调好的游戏和体验性的环境，帮助孩子做出选择和决定，进入社交情境，从挫折中恢复，进行探索和创新。在整个初中、高中和大学，这会有助于生成承诺、独立和自信。这会进一步发展我们工作时的问题解决能力、主动性和合作技能。

孩子们的将来取决于自信、有柔韧性的自我调节，以及他们在全球范围内与人合作的能力。

我给孩子尚在幼儿园的年轻父母这样的建议：

"给孩子们一个愉快幸福的童年，保护他们童稚天性的存在，保护他们对未知自然的无限向往，对小鸟飞翔、花开花落的无限好奇，对电闪雷鸣总想问为什么。培养他们对生活的热爱、培养他们乐观生活的态度，让他们感受生活的温暖和成长的快乐，这比什么都重要。"

如果年轻的爸爸妈妈认同以上观点，那就必须有时间上的付出，因为很多爸爸妈妈会以工作忙为由，减少陪伴孩子的时间，我一定要告诉你，没有足够的时间陪伴孩子，一定会对幼童的全面发展产生负面影响。

我们相信：义务教育阶段，应着力培养"习惯"和"性格"

在40多年的教育经历中，我也走进过许多小学，也经常向小学校长、老师们求教小学教育的一些问题。交流中，许多小学校长老师都告诉我，小学阶段应该在"习惯"这个关键词上下苦功。无锡狄邦文理学校双语部校长张催叶博士长期从事小学教育和学校管理，对小学阶段的学习方式与关键能力培养有过这样的叙述：

小学学生年龄为6周岁到11周岁，这个年龄段的学生具有好奇心强、求知欲强、崇拜教师、比较听话等特征。根据小学生独有的心理特征，小学阶段的教学与培养重点应与中学有所不同。

小学生的课堂应该引入更多让学生动手动脑、游戏、团队协作等活动，让学生能够开展体验式学习，在动手操作中，在与学伴的讨论中，在老师的引导下获得新知和技能。老师在准备每一节课的时候要牢牢把握学生的需求与个性，从学生的实际出发去组织课堂活动，精心设计开放性问题，以学生为中心，避免老师"一言堂"，要放手让小学生自主探究、试错总结、解决问题。

小学阶段的老师更应该高度重视学生的习惯养成，好习惯能让人获益终生，比如阅读的习惯、时间管理的习惯、整理收纳的习惯等。

好习惯的培养不仅仅是学校的事情，更是家庭的事情。观察一年级学生的行为，可以发现，孩子们都刚从幼儿园升到小学，有的学生上课认真听讲，有很好的专注倾听的习惯，而有的学生在位子上安静不了几分钟，更别提要专注了；有的学生把自己的课桌整理得干干净净，而有的学生桌子上乱七八糟。这些都跟习惯有关，也跟家长的育儿理念有关。家长平时包办一切，学生独立性就差，因为家长剥夺了孩子养成自理习惯的机会。所以在小学一年级的第一个月，不管来自哪个国家的老师都会抓学生的习惯培养，指导学生怎样排队、怎样听课、怎样与人沟通、怎样规整自己的物品、怎样如厕、怎样用餐等。习惯的培养还要反复抓，抓反复，常抓不懈。在不断地引导中，小学生会增强规则意识并渐渐养成好习惯。

对于小学生而言，除了养成良好的习惯以外，培养兴趣也是极其重要的。都说"兴趣是最好的老师"，小学生对新事物充满好奇，求知欲强。老师在授课时一定要找准学生的兴趣点，尽量把课上得生动有趣，采取正面激励让学生感受到老师对他的欣赏，从而大大加强学生的自信心。学习的兴趣一旦被点燃，它的后劲将不可估量，它会带领学生在学习上有长足发展，有更深入的研究。

建议家长与老师一起探讨孩子的兴趣，并在培养兴趣上给予更多的资源和肯定，相信小学生的天赋与兴趣一定能让人大开眼界。对学习兴趣的培养，除了老师与家长的引导外，还有一种很有效的方法就是同伴的引领。学生可以组成各个学习小组，一起写家庭作业，有问题互相讨论；针对某些项目性学习，小组成员在一起出谋划策，一起寻找解决问题的方法，最终呈现学习成果。这种学习小组能促进学习，提升兴趣。我在六年的小学生涯中便隶属于某个学习小组，这个小组的成员关系亲密，为了取得优异成绩而一起努力。

小学阶段培养学生的另一个关键词就是性格，12岁之前是孩子性格养成的关键期。小学的老师要像妈妈一样去关爱学生，用爱去浇灌他们幼小的心灵。多问问孩子的感受，耐心倾听孩子的表达，给予正确的、及时的反馈，让他们感受到被尊重。性格决定命运，性格可以通过多种途径来培养，不管是老师还是家长都要以身作则，做好情绪管理的表率，不冲孩子发火，争做孩子的良师益友。

江苏省特级教师、名校长、无锡市东林初中校长叶映峰对初中教育的关键词则有如下认识：

如果有人问我学校是一个什么样的地方，我的回答是学校应该成为师生精神拔节的生命场！当然，精神拔节的生命场并不排斥知识场、能力场，我这个答案表达的是我对办学愿景、教育终极目标的理解。

观照我国的教育体系，初中阶段学生的年龄在12周岁至14周岁，这一阶段称为青春期，也是人生的"黄金时期"。这一时期大脑内部结构更加完善，神经之间的联系大大增强，很容易接受外界新鲜事物。这个阶段更是性格形成、兴趣培养的关键期。基于长期的初中管理经历，我认为学生良好性格的形成、领域兴趣的培养无疑是初中教育的关键词。

性格是人的重要社会属性，影响着人的社会交往、人际关系及个性发展。性格在小学阶段虽有了一定的发展，但还没有定型。由于初中与小学学习方式的变化，以及孩子进入青春期后身体、生理机能的巨大变化及性功能的发展，初中生面临着巨大的心理挑战，自我悦纳显得尤为重要。

学校首先应该引导学生悦纳自己身体的改变，进行青春期生理知识及心理知识教育，进行生命教育，帮助他们认识人的发育与成长过程。

我每年会邀请医生到学校开展男孩教育、女孩教育，男、女生分开上课，由专业人员进行青春期生命成长指导。班主任每学期至少会开一次男、女生分开的班会，解决共性的青春期问题。这些举措有利于学生用正确的心理对待身体的变化，有利于情绪的稳定和性格的发展。其次要帮助学生养成良好性格。我校的《东林少年行》是校本必修课程，该课程以活动的方式引导学生认识学校、了解自我、学会合作，让学生在班级生活、同伴交往、亲子交流、师生沟通中完善性格，从自我认可到形成自尊、发展自律、树立自信。

教师作为过来人，要善于在学生的各类生活中去观察学生，并启发学生去体验、了解自己的性格，从而达到塑造良好性格的目的。同时，学校要帮助、督促教师成为学生成长的引路人、守护者，这也是立德树人的根本任务在教师工作上的体现。

初中阶段也是领域兴趣发展的关键期。小学阶段培养的学习兴趣，是一种基础与习惯，初中阶段是兴趣具体化的开始期，这是由人的发展特点决定的。初中的学生精力旺盛、勇于尝试、兴趣广泛。学校教育要为学生提供接触更多学习领域的机会，在开齐开足国家课程的基础上，开发拓展课程和特色课程，为初中生的兴趣发展提供机会与资源。我校周五下午全部是社团课程，学校课程中心在问卷调查的基础上，根据学生兴趣和学校能提供的课程资源确定社团种类，然后由学生自主报名参加社团活动，这是基于兴趣特长的学习共同体。学生在选修的社团活动中了解基础课程以外的领域，寻找自我兴趣。我校目前有29个社团，除了常见的合唱、舞蹈、篮球、足球、击剑外，还有小众化的皮划艇、无线电定向测试、小语种学习等。正因为周五有这样的社团活动，周五这天被老师和同学们称为"自主发展日"。我非常欣赏这个称呼！"自主发展"意为学生自己主动选择的发展，又可以理解为促进学生自我主动发展。学校既要为学生的兴趣发展提供载体，更要善于发现并引导学生去认识自我，找到兴趣领域。

我们对于学生的领域兴趣没有停留在"激发"阶段，对于特长突出的学生，学校通过外聘教练、校馆联合的方式进一步"激活"学生的兴趣，以赛促练，进一步培养学生的领域兴趣。学生领域兴趣的培养需要学校多元的评价保障，学校必须避免唯知识、唯升学的评价，鼓励学生个性发展。学校要为学生提供个性化的指导，制订个性化的发展计划。我想，为学生提供领域体验，帮学生发现自己的领域兴趣并获得发展，这是初中学校的使命。

我们相信：梦想是引导成长的灯塔，勤奋是成就梦想的基石

可以说，随着孩子的成长，我们不仅要在孩子的心田种下"兴趣"的种子，更要栽下"梦想""勤奋"的种子。倘若高中学生、大学学生不认可"梦想是一个人成长的内驱力""勤奋比聪明更重要"，那么，他一定不会成为一个优秀的人。

《国家中长期教育改革与发展规划纲要（2010—2020 年）》中提到，高中阶段是学生个性形成、自主发展的关键时期，对提高国民素质和培养创新人才具有特殊意义。注重培养学生自主学习、自强自立和适应社会的能力，克服"应试教育"倾向。

我建议孩子正在高中、大学阶段的父母认真阅读一下无锡狄邦文理学校高中校长 Stefan Sjodin 在学生大会上说过的这样一番话：

为什么一流的学生能够取得一流成绩？一流学生拥有更高的 IQ 吗？他们更具有智慧吗？他们更聪明吗？回答是"No"！分析许多一流学生，他们之所以能比其他学生做得更好，大约是因为在这样三个方面做得特别好：永不放弃、内驱力、自律。

在 2021 年东京奥运会上，我们看到了这样一个奇迹：32 岁的苏炳添

跑出个人生涯的最好成绩，在男子 100 米半决赛中刷新亚洲纪录。这样的成绩不仅需要艰苦和科学的训练，更缘于苏炳添对个人梦想的坚持和无与伦比的自律。我们来看这样一份材料：

苏炳添曾经不是神。2011 年他以 10 秒 16 的成绩，打破全国男子 100 米纪录后，就遇到了瓶颈，"始终无法再进一步"。不仅无法进步，反而出现退步，苏炳添想过退役。一是因为他身材矮小。短跑运动员的黄金身高，是 180 厘米到 195 厘米，但他只有 172 厘米，实在是太矮了。二是黄金年龄即将结束。短跑运动员最佳状态，大多数都在 28 岁之前。而苏炳添那时已经 26 岁了，但苏炳添自从练短跑开始，就立下了一个梦想——成为第一个进入奥运会百米决赛的中国人、黄种人、亚洲人。一想到这个梦想，他又充满了斗志，"无论如何，也要为梦想好好拼一把，要想进入奥运会百米决赛，就得拥有跑进 10 秒内的能力"。他给自己定了一个目标：9 秒 89。

按照以前老的训练方式，成绩很难再提高了，于是苏炳添想到了"改变"。如何改变？改变的第一步是找到不足。苏炳添和著名外教兰迪一起，参照"冠军模型"，对自己进行了全面的诊断，然后发现了一些问题。问题找到后，就是进行一项项针对性训练。训练是很辛苦的，苏炳添在微博发过一张图：疲累到差点呕吐的照片。尽管每天训练如此疲累，他也坚持写训练日记。他的队友谢震业说："苏炳添把所有比赛资料，都存在了电脑里，没事就一遍又一遍地看，研究分析哪里存在不足，然后再进行针对性改善。"训练不仅疲累，而且非常枯燥。长时间坚持做一件事是种怎样的体验？苏炳添回答道："说实在的，很枯燥。不仅训练枯燥，饮食也很枯燥。"苏炳添接受央视专访时，央视记者透露：苏炳添从不喝橙汁，也不吃西瓜。苏炳添的表哥蔡健发说："每次家庭聚会，大家都吃吃喝喝，但炳添从来不乱吃东西。不吃猪肉，不吃夜宵，不喝碳酸饮料。"不仅饮食枯燥，生活也枯燥。为保持良好的身体状态，苏炳添生活极其自律。苏炳添的队友张培萌说："因为我们训练强度非常大，为保证训练强度，训练之后必须保证休息。苏炳添比所有人都做得好，每天晚上十点，他会准时睡觉，而且还要关掉手机，多年来一直保持这样。"这样训练几年之后，2018年，苏炳添终于迎来大爆发，3次跑进10秒，一次跑出9秒92，两次跑出9秒91，创造了新的亚洲纪录。创造新的亚洲纪录后，苏炳添又把目标定在了9秒85，为什么定为9秒85？因为大家都说，"9秒85是黄种人百米极限"。苏炳添想突破这个极限。为了突破这个极限，他的训练更加刻苦了。2021年8月1日，东京奥运会男子100米半决赛，苏炳添跑出了9秒83，以小组第一的成绩，强势闯入决赛，创造了"黄种人奇迹"。苏炳添挥舞着拳头，兴奋地大叫着："我终于完成了梦想！"

当我们阅读一些名人传记掩卷深思时，一定会跳出"梦想的力量""无与伦比的勤奋"等关键词。

我长期在高中工作，常常与省内外一些知名学校的校长们交流、研讨，从同行们那儿得到了很多很深刻的认识。2017年去芬兰考察时，我与江苏省昆山中学校长徐晓林同行。在与之讨论高中阶段孩子成长特点时，徐晓林先生这样总结道：

高尔基曾经说过："一个人的理想越高，他的才能越容易发挥，一个人有远大理想与目标才能燃烧起奋斗的激情。"一个人，有什么样的目标，才会产生什么样的信念；有什么样的信念，才会有什么样的态度；有什么样的态度，才会有什么样的行为；有什么样的行为，才会获得什么样的结果。志有多高，路才能走多远！

人的发展有多种方式，有些人随波逐流，有些人被动前行，有些人自觉奋进。高中阶段是学生的身心日趋成熟、确立人生理想的关键时期，也是学生的世界观、人生观、价值观形成的重要阶段。我校是江苏省示范性普通高中，学生各具特长，他们进校时怀揣各种各样的梦想，我们的首要任务是鼓励他们敢于做梦、敢于做"美梦"，确立既远大、又适合自己的目标志向，努力促进每个学生全面而有个性的发展。

勤奋往往随正确的理想自然生成，持之以恒地奋力前行是实现理想的必要条件。梦想是走向成功的灯塔，勤奋才是成就梦想的基石！

著名华裔物理学家吴健雄先生的成就可与居里夫人比肩，她认为胡适是对她一生影响和帮助最大的老师。吴健雄留美求学期间，胡适先生在给她的信中说，龟兔之喻是勉励中人以下之语，也是警惕天才之言，要有兔子的天才，加上乌龟的功力，才可无敌一世，意在告诫吴健雄，治学除了要有天分之外，还需要勤奋。32岁的苏炳添在东京奥运会上的巨大成功，源于他"有朝一日要站立在奥运会百米决赛的赛道上"的执着理想，也是他不懈奋斗的结果。诚然，唯有勤奋，才能使梦想成真，世上走得远的人并不是走得最快的人，而是一直坚持行走的人！

基于以上认识，我校特别重视建设勤奋好学的文化氛围，特别重视借助各种隐性和显性的课程开展理想教育，特别重视引导学生确立自己的目标，特别重视鼓励学生用勤奋的行动去实现目标。新生入学教育、开学典礼、国旗下讲话、主题辩论赛都是重要的教育阵地，校内外重大活动、毕业生返校活动、国内外重大事件都是有效的教育契机，科技人才、英模人物、优秀校友的成长过程都是珍贵的激励案例，学校的每一面墙、每一条走廊、每一个文化景观都是泛在的教育场所。

三栋教学楼分别命名为日知楼、日行楼、日成楼，呼应"日知日行日成，求实求是求真"的学校精神。"日知"引导初入昆山中学的少年要日有所学、明确目标，"日行"提醒在昆山中学奋斗着的学生知行合一、笃志前行，"日成"鼓励即将结束高中学业的学子要日有所获、梦想成真。

我校2021届毕业生，即以优异成绩考入北京大学的方奕婷同学在她的毕业感言中写道："昆中有三石，刻有王国维的人生三境。'独上高楼'教我敢于做梦，'衣带渐宽'教我勤于前行，'蓦然回首'指引着我厚积而薄发，收获璀璨明天。"她提及的三块石分别置放在三栋教学楼旁，与"日知""日行""日成"相对应。这是她高中三年在昆山中学美丽校园中做梦、追梦、圆梦过程的真实写照，也是学校重视理想信念教育和勤奋进取学风培植、"立德树人"成效大幅提升的具体体现。

四十年的教育生涯中，我极为深刻地体会到，世上最难估量的是一个人的潜能。不是因为看见才能相信，而是因为相信才能看得到！只有相信才能坚持，只有坚持才能不断释放潜能，才能梦想成真！我们相信：梦想是走向成功的灯塔，勤奋是成就梦想的基石！

我在天一中学任校长24年，目睹了许多孩子从优秀走向卓越，近20年来，我一直在坚持进行以"他们为何优秀？"为主题的个案研究，分析众多优秀孩子的良好习惯后发现，"梦想"和"勤奋"都是他们的共同特征。

可以这样说，人的成长犹如一棵树的成长，在种子萌芽、小苗茁壮生长、大树蓬勃生长的不同时期，他对生长环境的要求是不一样的。父母应该做的重点是，认真研究不同学段孩子的成长需求，千方百计营造适合孩子成长的生态条件，把握教育契机，让孩子在不同的学段都得到健康成长。

本章关键词

教育"节气"　学段　教育关键词

本章重点讨论题

1. 幼儿园阶段应把握哪些教育关键词？你认为幼儿教育应奠定哪些素养？

2. 你认同两位校长推荐的义务教育阶段的教育关键词吗？在小学、初中孩子的成长中，家长应特别重视哪些方面？

3. 高中阶段是学生个性发展、自主发展的关键时期，在这个时期对孩子们的引导更要关注哪些方面？

第五章 我们相信：好妈妈，才有好孩子

一位哲人曾这样说,影响孩子走向的,绝不是坐在会议桌上那些大人物的言语,而是推动摇篮的那双手。就妈妈对孩子的影响力而言,可以这样说,一个母亲的言行,就是一个孩子成长的全部教育学。

妈妈的名字叫爱

我曾这样对同学们说过,当我们想家的时候,其实是想起了妈妈。当我们想起妈妈的时候,其实是想起了妈妈温暖的爱。我许多次对孩子们说,母爱是人世间最伟大和最无私的爱,她构成了人类社会一切爱的基石。

有这样一个故事:

有一个贫困的家庭,一对母子相依为命。当儿子考上了县重点中学,母亲却患上了严重的风湿病,干不了农活,有时连饭都吃不饱。

学校要求学生每月都得带30斤米交给食堂。儿子知道母亲拿不出,便要退学。母亲不允。儿子固执地说"不",母亲说必须去!儿子还是说"不",母亲挥起粗糙的手,巴掌重重地甩在儿子脸上,儿子终于上学去了。

没多久,母亲便来交米了。她一瘸一拐地挪进门,气喘吁吁地从肩上卸下一袋米。食堂的熊师傅打开袋口一看,眉头就锁紧了,说:"你们这些做家长的，总喜欢占点小便宜。你看看，这里有早稻、中稻、晚稻，还有细米，简直把我们食堂当杂米桶了。"这位母亲臊红了脸，连说对不起。

熊师傅见状，没再说什么，收了。又一个月初，这位母亲背着一袋米走进食堂。熊师傅照例开袋看米，还是杂色米，便一字一顿地对她说："不管什么米，我们都收，但品种要分开，千万不能混在一起。下次还这样，我就不收了。"母亲有些惶恐地请求道："大师傅，我家的米都是这样的，怎么办？"熊师傅哭笑不得，反问道："你家一亩田能种出百样米？真好笑。"

第三个月初，母亲又来了，熊师傅一看米，勃然大怒，用几乎失去理智的语气，生气地呵斥道："哎，我说你这个做妈的，怎么顽固不化呀？咋还是杂色米呢？你呀，今天是怎么背来的，就怎样背回去！"母亲双膝一弯，跪在熊师傅面前，抹着泪说："大师傅，我跟您实说了吧，这米是我讨……讨饭得来的啊！我得了晚期风湿病，连走路都困难，更甭说种田了。儿子懂事，要退学帮我，被我一巴掌打到了学校……"

母亲絮絮叨叨地说着，熊师傅早已潸然泪下。他扶起这位母亲，说："好妈妈啊，我马上去告诉校长，要学校给你家捐款。"母亲慌不迭地摆摆手，说："别、别，如果儿子知道娘讨饭供他上学，就毁了他的自尊心，影响他读书可不好。大师傅的好意我领了，求你为我保密。"

校长知道这件事后，悄悄地减免了这个儿子三年的学费与生活费。三年后，他以627分的成绩考进了清华大学。

欢送毕业生那天，校长特意将这位母亲和她的儿子请上主席台，台上还堆着三只鼓囊囊的蛇皮袋。

校长讲述了母亲讨米供儿上学的故事,并指着三只蛇皮袋,情绪激昂地说:"这就是故事中的母亲讨得的三袋米,这是世上用黄金也买不到的粮食!"

儿子闻言,震惊了,扑上前去,搂住母亲,号啕大哭:"娘啊,我的娘啊……"在场的所有学生无不动容……

作为寄宿制高中的校长,许多次在学生用餐时巡视食堂,常常看见许多妈妈拎着各色各样的食物保温盒,在人群中寻觅着自己的孩子。此情此景,让我总会想起在南极大陆冰原上,在无数雏企鹅中寻找自己孩子的帝企鹅妈妈。走过一排排餐桌,我常看到许多妈妈静静地坐在那儿,看着孩子用餐,虽然忙碌了一上午,再加上路途的劳累,但妈妈的双眼中总是充满了深情、幸福。

好多次,我悄悄问学生,你吃得那么"投入",你读懂妈妈的眼神了吗?你注意妈妈的表情了吗?有的孩子默默点头,有的孩子也会泪水盈眶,但也有的孩子一脸茫然。

参加孩子们的活动,每当与孩子们谈起父母,我总会对孩子们这样说:"几十年的教育经历和我的人生经历告诉我,世界上最广阔的是大海,但比大海更广阔、更深厚的是妈妈对孩子的爱,在每一个人的一生中,妈妈对孩子的爱无处不在、无时不在。妈妈为孩子成长所付出的一切才是人世间最真实、最伟大的无私奉献。"

母爱仅仅用一个"爱"字是实在难以描述的。

妈妈的言行,就是孩子成长的全部教育学

对大多数孩子来说,妈妈的影响始终贯穿他们的一生。

采访许多的成功人士,你会发现,在他(她)的成长过程中,总有一些关于母亲的故事。这些故事有的曾深深影响了孩子成长的方向,也有那么一些"事件"在孩子脑海中留下了终生的烙印,并成为终生发奋的号角。

美国前任总统奥巴马在弗吉尼亚州阿灵顿郡韦克菲尔德高中对中学生的一次演讲中有这样一段话:

我自然知道要做到学业优秀并非总是易事,我知道你们许多人在生活中面临挑战,难以集中精力从事学业。

我明白这一点,我有亲身感受。两岁时,我父亲离家而去,我是由一位单亲母亲抚养成人的,母亲不得不努力工作,并时常为支付生活费用而苦苦挣扎,但有时仍无法为我们提供其他孩子享有的东西。有时,我渴望生活中能有一位父亲;有时,我感到孤独,感到自己不适应社会。

我知道,今天是你们很多人开学的日子。对于进入小学预备班、初中或高中的学生,今天是你们来到新学校的第一天,心里可能有

点紧张,这是可以理解的。我能想象有些毕业班学生现在感觉很不错——还有一年就毕业了。不论在哪个年级,你们有些人可能希望暑假更长一点,今天早上还能多睡一会儿。

我了解这种感觉。我小时候,我们家生活在海外。我在印度尼西亚住了几年。我妈妈没有钱送我上其他美国孩子上的学校,但她认为必须让我接受美式教育。因此,她决定从周一到周五自己给我补课。不过她还要上班,所以只能在清晨四点半给我上课。

你们可以想见,我不太情愿那么早起床。有很多次,我趴在餐桌上就睡着了。但每当我抱怨的时候,我妈妈都会看我一眼,然后说:"小子,这对我也并不轻松。"

有一位中国的成功人士接受媒体采访。记者问:你出生在哪儿?答:非常偏远的山区。记者又问:你在哪儿接受的良好教育?稍做停顿,这位成功人士哽咽着讲了这样一件事:

这个故事发生在一位初中学生与母亲之间。初中学生暑期后将离开家乡去县城,母亲送他去车站。在车站,儿子旅行包的拎带突然被挤断,眼看就要到发车时间,母亲急忙从身上解下裤腰带,把儿子的旅行包扎好。儿子问母亲怎么回家,母亲说:"不要紧,我会慢慢走。"

多少年来,儿子一直把母亲这根裤腰带珍藏在身边。多少年来,儿子一直在想,母亲没有裤腰带是怎样在崎岖的山路上走回几十里地外的家的。

这位成功人士说,每每想起这件事,他都会热泪盈眶。

我想,这些故事都是生活中母爱的典范。几位朴素的母亲在平凡的生活中,不仅用真实的行为显示了伟大的母爱,更用爱的行为影响了孩子。

2006年，天一毕业生、江苏省高考状元黄梦娜在谈起自己的成长时，曾这样说过：

父母是我的坚强后盾。我的爸爸妈妈每个星期都要来学校看我，但是从来不提成绩、名次的事情，一家人见了面，就是开开心心地聊天和吃饭。我的爸爸妈妈从来没有在学习上给过我一丝的压力，我妈妈认为一次、两次的成绩并不能代表什么，更不能代表人生的成绩，所以当我第二次模拟考试的成绩并不理想的时候，妈妈也没有责怪和要求什么，只是鼓励我要轻装上阵，要相信自己。

黄梦娜还告诉我，她从小学到高中，从未请过家教，她喜欢阅读是缘于幼时父母的影响。她回忆说，小时候，她的爸爸妈妈常常一人一本书。父母的行为自然影响了她，热爱阅读的种子很早就在她心中种下了。

寒假里，2006年被牛津大学录取的顾津铭同学回母校来看望我和老师。在我办公室里，她与妈妈一起同我进行了较深层面的交流。两个多小时的交流，我由衷地赞叹顾津铭妈妈在培养孩子过程中的许多教育理念与教育行为。可以这样说，从顾津铭的每一点进步中，都可以看到妈妈培养孩子的耐心与帮助孩子进步的智慧。

顾津铭妈妈教育孩子的核心理念就是"尊重孩子的个性，适时地予以机会和帮助"。她说："父母要像农夫等待稻子成熟一样，耐心地等待秋天的收获，孩子的进步与成功不是一两句话就能做到的。"

很多人都以为顾津铭学业的发展特别顺利，其实并非如此。进入天一高中时，面对众多优秀学子，顾津铭也与许多学生一样，一下子没有了"好学生"的感觉，总觉得自己"陷入了人海"中。她常常向妈妈哭诉"我是不是确实不如人家"，甚至打起退堂鼓。

面对孩子的困惑，她妈妈总是说："孩子，不要急，妈妈相信你。"

在妈妈无数次的鼓励与帮助下,顾津铭跨越了求学道路上的一道道坎,顺利地迈进了牛津大学的大门。进入牛津大学以后,她开始了崭新的学习与生活。但刚进牛津大学,又有了许多不适,面对巨大的学习压力,与众多世界优秀学子间的竞争,顾津铭又适时得到了妈妈的亲切勉励。

顾津铭对我说:"想起妈妈,听到妈妈的声音,我就充满了信心"。很快,顾津铭就适应了牛津大学的学习。紧张的学习之余,她还积极参加各种社团,她担任了新话剧社的总导演,第一次执导的话剧是中国实验话剧《思凡》。能够向世界各地的同学推广中国文化,她感到十分荣耀与充实。

在黄梦娜和顾津铭的成长中可以看到,两位妈妈对孩子的教育体现了"尊重、耐心、鼓励"的教育原则。

在对许多孩子成长的分析中,我得出结论,妈妈对孩子的影响之深、影响之广、影响之远,远超出任何一位教师。

请认真阅读北京市海淀区玉泉小学高峰发表于《人民教育》上的文章:

当我们把"教育家"的光环套到优秀教师、校长、学者头上的时候,其实不然;我认为每个人的母亲才是天生的、永远的教育家。

请研究一下中外一些名人的成长史,从政治巨人到文学巨子莫不如此:凡属成功人士,背后无一不是母亲教育的结果——因为人在成长的重要的童年、少年时期,几乎是母亲的一部分,而母亲的言行深深地影响着孩子的成长,包括价值、人格、心灵、情感、交际、社会性等——母亲要比学校、老师的作用大无数倍。

中国科学院院士施一公教授曾回答了犹太人为何有杰出成就的缘故:

2010年时,我回国已经两三年了,美国一位大使邀请我吃晚餐。其间,以色列的大使夸奖本国的教育体系是如何的优秀,我不甘示弱地说中国的教育也很成功。后来,他给我举了个例子来证明他的观点,说标准的以色列母亲在孩子放学后都会问孩子两个问题：第一个问题是今天你在学校有没有提一个问题让你的老师回答不上来？第二问题是今天你有没有在学校做一件事情让你的老师感到印象深刻？我听完了这两个问题后，只好叹了口气，说："我的孩子每天从附小回家，我妻子就问他一个问题，今天有没有听老师的话？"

莫言是第一个获得诺贝尔文学奖的中国人，加之他又是一个极会讲故事的人，所以大家对他将在领奖仪式上发表怎样的感言，都很关注。出人意料的是，莫言的感言也是讲故事——讲他母亲的故事。在那样一个崇高的场合，莫言深情讲述了有关自己母亲的八个故事。莫言的母亲只是中国广大农村妇女中的普通一员，她的故事根本谈不上轰轰烈烈，但在场的所有人都安静地倾听，并被故事深深打动。莫言用这八个故事，告诉世界，是自己平凡的母亲教会了自己什么是大爱和亲情、宽容和理解、怜悯和同情、诚实和耻辱、坚强和不屈、人生和处世、激励和学习、梦想和志远。这些是多么宏大的主题啊，莫言的母亲，正像全中国千千万万个母亲一样，虽然没有系统地学习过教育学、心理学和教学法，却成功地教会了莫言这些最深刻的道理。每一个过来人都请想一想，我们身上善良的人性、悲悯的情怀、为人处事的态度和面对生活的勇气，哪一样不是母亲所赐？所以我说，母亲就是教育家。

这里分享在颁奖现场莫言讲的八个故事。

第一个故事：

我记忆中最早的一件事，是提着家里唯一的热水壶去公共食堂打开水。因为饥饿无力，失手将热水瓶打碎，我吓得要命，钻进草垛，一天没敢出来。傍晚的时候我听到母亲呼唤我的乳名，我从草垛里钻出来，以为会受到打骂，但母亲没有打我也没有骂我，只是抚摸着我的头，口中发出长长的叹息。

母亲教会了儿子什么是**大爱和亲情**。

第二个故事：

我记忆中最痛苦的一件事，就是跟着母亲去集体的地里拣麦穗，看守麦田的人来了，拣麦穗的人纷纷逃跑，我母亲是小脚，跑不快，被捉住，那个身材高大的看守人扇了她一个耳光，她摇晃着身体跌倒在地，看守人没收了我们拣到的麦穗，吹着口哨扬长而去。我母亲嘴角流血，坐在地上，脸上那种绝望的神情我终生难忘。多年之后，当那个看守麦田的人成为一个白发苍苍的老人，在集市上与我相逢，我冲上去想找他报仇，母亲拉住了我，平静地对我说："儿子，那个打我的人，与这个老人，并不是一个人。"

母亲教会了儿子什么是**宽容和理解**。

第三个故事：

我记得最深刻的一件事，是一个中秋节的中午，我们家难得包了一顿饺子，每人只有一碗。正当我们吃饺子时，一个乞讨的老人来到了我们家门口，我端起半碗红薯干打发他，他却愤愤不平地说："我是一个老人，你们吃饺子，却让我吃红薯干。你们的心是怎么长的？"我气急败坏地说："我们一年也吃不了几次饺子，一人一小碗，连半饱都吃不了！给你红薯干就不错了，你要就要，不要就滚！"母亲训斥了我，然后端起她那半碗饺子，倒进了老人碗里。

母亲教会了儿子什么是**怜悯和同情**。

第四个故事：

我最后悔的一件事，就是跟着母亲去卖白菜，有意无意地多算了一位买白菜的老人一毛钱。算完钱我就去了学校。当我放学回家时，看到很少流泪的母亲泪流满面。母亲并没有骂我，只是轻轻地说："儿子，你让娘丢了脸。"

母亲教会了儿子什么是**诚实和耻辱**。

第五个故事：

我十几岁时，母亲患了严重的肺病，饥饿、病痛、劳累，使我们这个家庭陷入了困境，看不到光明和希望。我产生了一种强烈的不祥之兆，以为母亲随时都会自己寻短见。如果一时听不到她的回应，我就心惊胆战，跑到厨房和磨坊里寻找。有一次找遍了所有的房间也没有见到母亲的身影，我便坐在了院子里大哭。这时母亲背着一捆柴草从外面走进来。她对我的哭很不满，但我又不能对她说出我的担忧。母亲看出我的心思，她说："孩子你放心，尽管我活着没有一点乐趣，但只要阎王爷不叫我，我是不会去的。"

母亲教会了儿子什么是**坚强和不屈**。

第六个故事：

我生来相貌丑陋，村子里很多人当面嘲笑我，学校里有几个性格霸蛮的同学甚至为此打我。我回家痛哭，母亲对我说："儿子，你不丑，你不缺鼻子不缺眼，四肢健全，丑在哪里？而且只要你心存善良，多做好事，即便是丑也能变美。"后来我进入城市，有一些很有文化的人依然在背后甚至当面嘲弄我的相貌，我想起了母亲的话，便心平气和了。

母亲教会了儿子什么是**人生和处世**。

第七个故事：

我母亲不识字，但对识字的人十分敬重。只要是我因为看书耽误了干活，她从来没批评过我。有一段时间集市上来了一个说书人，我偷偷地跑去听书，忘记了她分配给我的活儿。为此，母亲批评了我，晚上当她就着一盏小油灯为家人赶制棉衣时，我忍不住把白天从说书人听来的故事复述给她听，起初她有些不耐烦，因为在她心目中说书人都是油嘴滑舌，不务正业的人，从他们嘴里冒不出好话来。但我复述的故事渐渐地吸引了她，以后每逢集日她便不再给我排活，默许我去集上听书。为了报答母亲的恩情，也为了向她炫耀我的记忆力，我会把白天听到的故事，绘声绘色地讲给她听。

母亲教会了儿子什么是**激励和学习**。

第八个故事：

我在故乡生活了二十一年，其间离家最远的是乘火车去了一次青岛，还差点迷失在木材厂的巨大木材之间，以至于我母亲问我去青岛看到了什么风景时，我沮丧地告诉她：什么都没看到，只看到了一堆堆的木头。但也就是这次青岛之行，使我产生了离开故乡到外边去看世界的强烈愿望。

母亲教会了儿子什么是**梦想和志远**。

我相信，许多妈妈会拿着厚厚的童话故事书读给孩子听，许多妈妈会拿着小学生优秀作文集，让孩子背诵，但在实际的生活中，有多少妈妈能像莫言的妈妈一样，在真实的生活中，给孩子上许多深刻的哲理课？

在中国的历史上，"懂教育，会教育"的典范妈妈应该是孟母。

孟子年幼的时候，父亲就去世了，母亲仉氏忠贞。孟子和母亲住在墓地旁边。孟子就和邻居的小孩一起学着大人跪拜、哭嚎的样子，玩起办理丧事的游戏。孟子的妈妈看到了，就皱起眉头："这个地方不适合孩子成长！"孟子的妈妈就带着孟子搬到集市。到了集市，孟子又和邻居的小孩，学起商人做生意。孟子的妈妈知道了，又皱皱眉头："这个地方也不适合孩子成长！"于是，他们又搬家至屠场附近，这次，孟子又学起屠夫宰杀猪羊。孟子妈妈知道了，皱皱眉头："这个地方也不适合我的孩子成长！"于是，他们又搬家了。这一次，他们搬到了学校附近。每月夏历初一这个时候，官员到文庙，行礼跪拜，互相礼貌相待，孟子见了之后学习并仿行。孟子的妈妈很满意地点着头说："这才是我儿子应该住的地方呀！"于是他们定居在这个地方。后来，大家就用"孟母三迁"来表示儿童应该要接近好的人、事、物，才能学习到好的习惯。

我曾在《读者》上读到这样一篇文章——《古代妈妈的一封信》，文中这样写道：

阅儿信，谓一身备有三穷：用世颇殷，乃穷于遇；待人颇恕，乃穷于交；反身颇严，乃穷于行。

是穷亦未尝无益于人，吾儿当以是自励也！

写信的母亲叫郑淑云，是明代女作家。这封信的大意是：

人的这一生时常会遭遇三种困顿，千古有之，孩子，你要做好心理准备。

第一种困顿，拥有卓越的才华，却遇不到好的平台和机遇。

第二种困顿，以一颗诚挚宽厚的心待人，却没有交上值得交的好朋友。

第三种困顿，对自己严格要求，时常反省，却无法按照自己的意愿生活。

最后，这位妈妈抚慰儿子，即使人生的际遇如此，也未尝没有好处，要多读书以自励，不要放纵自己呀！

这样的妈妈，真强大！她的爱，不狭隘、不灰暗。从中可见一个经过风雨历练的女性在看过人生百态后，饱含的仁慈宽厚的生命之爱。她爱孩子，爱生命，更能用她的爱，给孩子一个前行的方向。

我们再来看一位现代妈妈给孩子的一封信。这是女作家毕淑敏老师写的一封信，毕淑敏老师以一位内心纠结的母亲和孩子谈话的口吻，真真切切地表达了自己"打孩子"时无比挣扎的心理，用冷静但充满真情的语言诉说了一位母亲对孩子浓烈而又理智的爱。

在你最小最小的时候，我不曾打你。你那么幼嫩，好像一粒包在荚中的青豌豆。我生怕任何一点儿轻微的碰撞，将你稚弱的生命擦伤。我为你没日没夜地操劳，无怨无悔。面对你熟睡中像合欢一样静谧的额头，我向上苍发誓：我要尽一个母亲所有的力量保护你，直到我从这颗星球上离开的那一天。

你像竹笋一样开始长大。你开始淘气，开始恶作剧……对你摔破盆碗、拆毁玩具、遗失钱币、污脏衣着……我都不曾打过你。我想这对于一个正常而活泼的儿童，都像走路会跌跤一样应该得到原谅。

第一次打你的起因，已经记不清了。人们对于痛苦的记忆，总是趋向于忘记。总而言之，那时你已渐渐懂事，初步具备童年人的智慧：它混沌天真又我行我素，它狡黠异常漏洞百出。你像一匹顽皮的小兽，放任无羁地奔向你向往中的草原，而我则要你接受人类社会公认的法则……为了让你记住并终生遵守它们，在所有的苦口婆心都宣告失败，在所有的夸奖、批评、恐吓以及奖赏都无以奏效之后，我被迫拿出最后一件武器——这就是殴打。

假如你去摸火，火焰灼痛你的手指，这种体验将使你一生不会再去抚摸这种橙红色的抖动如绸的精灵。孩子，我希望虚伪、懦弱、残忍、狡诈这些最肮脏的品质，当你初次与它们接触时，就感到切肤的疼痛，从此与它们永远隔绝。

我知道打人犯法，但这个世界给了为人父母者一项特殊的赦免——打是爱，世人将这一份特权赋予母亲，当我行使它的时候臂系千钧。

我谨慎地使用殴打，犹如一个穷人使用他最后的金钱。每当打你的时候，我的心都在轻轻颤抖。我一次又一次问自己：是不是到了非打不可的时候？不打他我还有没有其他的办法？只有当所有的努力都归于失败，孩子，我才会举起我的手……

每一次打过你之后，我都要深深地自责。假如惩罚我自身可以使你汲取教训。孩子，我宁愿自罚，哪怕它将强烈10倍。但我知道，责罚不可以替代也无法转让，它如同饥馑中的食品，只有你自己嚼碎了咽下去，才会成为你生命体验中的一部分，这道理可能有些深奥，也许要到你也为人父母时，才会理解。

我几乎毫不犹豫地认为：每打你一次，我感到的痛楚都要比你更为久远更为悠长。因为，重要的不是身累，而是心累……

孩子，我多么不愿打你，可是我不得不打你！我多么不想打你，可是我一定得打你！这一切，只因为我是你的母亲！

孩子，打与不打都是爱，你可懂得？

我想，当孩子读完了妈妈的这封信，他一定会更深刻地懂得，什么叫妈妈，什么叫呵护与深爱。在孩子的内心，一定会有一种情感沸腾，他一定会说，妈妈，你应该打我，你可以打我；他也一定会说，妈妈，我一定会更好地成长。

第五章　我们相信：好妈妈，才有好孩子

我在凌志军先生所著的《成长比成功更重要》一书中看到以下描述：

他在12岁那一年成为中国科技大学少年班的学生；17岁为自己选择了终生的事业；23岁获得了美国乔治·华盛顿大学博士学位；25岁成为美国桑纳福研究院的部门主管。1996年，他30岁，已经拥有几十项专利，发表几百篇论文。到了31岁，他成为美国电气电子工程师学会100年历史上最年轻的院士。又两年之后，也即1999年，他成为微软中国研究院的副院长和首席科学家，与此同时还获得美国"杰出青年电子工程师奖"。

张亚勤的"起跑线"不是在中国科技大学，而是在山西的一个小城。

像所有的男孩子一样，张亚勤也贪玩。那时候作业少，也没有什么考试，所以有很多时间出去玩。他的兴趣广泛，学画画，下围棋，还打羽毛球。每一个兴趣都从他妈妈那里得到鼓励。

可是没有一个孩子天生具有控制自己的能力，秉性聪慧的孩子，更加容易东张西望，还时时表现出一种"坐不住"的样子来。亚勤喜欢把所有的学习当游戏，可对所有的游戏都没常性，喜新厌旧，也没有一个兴趣能够坚持不懈。

有一天母亲令儿子坐在面前，说话的语气前所未有地严肃："你是一个普通人家的孩子，没有后台，你将来总要自己养活自己。所以你从现在起做事情就要有恒心。做好一件事并不难，难的是坚持下去。"母亲是做教师的，心里明白，让孩子养成一个好的习惯，比塞给他一大堆知识都重要，所以对儿子说："先做应该做的事，然后再做自己想做的事。"

亚勤想想这话，觉得有道理。于是，每天下午四点钟回到家里，第一件事就是完成妈妈和外婆留下的作业……

我曾在赵红慧老师的班级组织过一次调研,让孩子们写《母亲的影响》,在孩子们的叙述中,我看到了很多"懂教育,会教育"的好妈妈。

薛林骐同学写道:

母亲一直是我心中引以为豪的人。她不像其他母亲那样温柔。母亲一直不让我认为现在所拥有的一切是应该的,她是个原则性很强的人,她绝不允许我同样的错误犯三次。

记得小时候,我很讨厌做作业,觉得作业很简单,做了就是浪费时间。第一次,被老师发现,老师告诉了母亲。当天,母亲和我谈了很久,语气很和缓,但我也没有在意。第二次,母亲继续和我讲道理,并且提醒我事不过三,下一次再犯就要罚我了,我还是没有在意。第三次,老师让我去办公室补作业。放学回去,母亲什么也没有说,只是打了我一个巴掌,在我屁股上留下了三条杠。

母亲一直和我讲,有时小孩是要打的,但不能一直打,经常性地打孩子会加重孩子的逆反心理。偶尔打孩子则会让孩子记住教训,不会轻易地犯同样的错误。母亲对原则性的问题从来不给我讨价还价。

严厉是一个必然的过程,但在严厉之后是一种我们所察觉不到的温柔。原则不能改变,教育孩子应该要让孩子先懂得什么是真爱。

陈诗晴同学则这样写道:

从小妈妈就鼓励我多阅读,少看电视,因为她觉得书中有电视所无可匹及的乐趣。当然,她鼓励我多看一些名著,但并不强求。大多数时候她会陪我一起去选书,她尊重我的选择,不论是童话还是杨红樱的小说,她都会陪我一起看,读完后还和我一起交流心得体会,渐渐地我便生发出了对于阅读的热爱,读的内容也就广了许多。不论我读什么书，她也会去读，有时甚至会和我抢着看，或许正是在她这种对于阅读的强烈热爱的感染下，我才不由地喜欢上阅读的吧！

我的妈妈并不常常用言语教导我，却无时无刻不在身体力行着，并以此感染着我。她并不是完人，却告诉我，对待一件事，你有两种选择：一是放弃不做，只要以后不后悔就可以了；二是用心去做，尽自己所能去把它做到最好。

从小妈妈就告诉我做人要有目标，不要认为自己的目标太高，无法实现就不断降低，因为在这个世界上，没有什么是不可能的，怕就怕在"认真"二字上，只要努力地付出过、争取过，那么离自己的目标就会越来越近，终有实现它的一天。

生活中常有不如意的事，妈妈不希望我是一朵温室里的花朵，妈妈希望我能有小草的坚韧，有青松的顽强，有翠竹的不屈不挠。妈妈不希望我是一个只会学习的人，希望我是一个懂得生存的、开心的人，一如我的名字那样，充满阳光、充满希望、充满生机与活力。希望我生命里的每一天都是晴天。

2010年北京大学在全国选择了39所中学，探索中学校长实名推荐优秀学生的招生方式，我有幸成为39名校长之一。接北京大学通知后，我在2010届高三学生中进行了极为认真的选择，洪欣格同学凭借她的综合素质，成为我首选的推荐对象。

2005年，洪欣格同学进入我校少年班。我常去少年班教室巡视，她的稚气、纯真、聪颖、专注给我留下了极深的印象。好多次我与她在校园内相遇，她走路很快，总是蹦蹦跳跳，一副快乐的样子，特别讨人喜欢。我进一步了解又发现她喜欢阅读，在学校里、在家里，甚至外出旅行，只要有时间，她都会捧着书静静地阅读。广泛的阅读，使她有了远远超越同龄人的文学功底，洪欣格进入高中，参加全省高中作文大赛，获得了省特等奖。

洪欣格被北京大学光华管理学院正式录取后，我与她的父母亲就孩子的成长之路进行了较深入的探讨。洪欣格爸爸关于人生的价值追求，对孩子究竟应该"富养还是穷养"等许多教育理念，与我产生了深深的共鸣。洪欣格妈妈对孩子性格、习惯的点点滴滴的培养，也让我看到"潜移默化"的教育方式。几次交流后，我希望洪欣格妈妈就孩子的成长写一点感想。应我之约，她妈妈给我寄来了下述文章：

一、敏感于她的才能，帮她创造机会

洪欣格在十八个月时，就被送到托儿所，由于太小，每天早上会哭很久，老师就抱着她去看晨练的老人打太极拳，大概两个星期，她竟然将太极拳的一招一式学得非常像，当时我们觉得她的模仿能力很强。

到了中班，幼儿园教的东西很多，特别是有一次朗诵，好像是描写秋天的一个情景，她通过声情并茂的朗诵生动地表现了出来，我们感觉到她的悟性很好，我和她爸爸商量后，尝试让她提前上小学。

上小学后，我们每年暑假都会陪她回江西看望长辈。老家上饶玉山火车站是个小站，返回时连座位都没有，途中如有旅客离开一会儿，她就坐上去继续看书，当旅客回来时看到她在看这么厚的一本书，非常惊讶，说他女儿六年级了都没看过这么厚的书。那位旅客把书拿过来翻到书后面的一篇文章，看完后问她懂不懂，总共三页她竟然差不多都能背诵，这让我惊讶不已，那位对她钦佩之极的先生就把位子一直让给她坐。

结合她平常的一些表现，我们又找到王校长，询问是否有可能不读二年级，直接跳级，王校长欣然同意。孩子进入三年级，成绩也一直名列前茅。

二、帮助她面对挑战

到天一中学后,"强手如云"是她的第一感觉,她的努力和学习能力我不担心,当务之急是建立信心,培养良好心态。"前途是光明的,道路是曲折的"这句名言对于当时的她来说是最贴切的。没有信心会因沮丧而放弃,过于急躁会因必然碰到的挫折而失去耐心。在我和她爸爸许多次的指导下,她越来越自信,心态更阳光。

三、正确看待分数

成长的过程中也遇到很多挫折,最典型的一次是五年级下学期的期中考试没考好,我在教室的后门外和数学老师交谈时,她不停扭头朝后看,回家的路上仍很紧张,记得很清楚在清扬路曹张新村段,她哭了。等她哭声小些时,我和她说:"没事,你班主任和老师们都认为你是班级里最优秀的,这次没考好,主要是心态,另外,妈妈也有责任,之前很长时间,妈妈一直在江西,爸爸工作也很忙,我们对你确实关心不够,下学期我们一起加油。"这时她边哭边说:"妈妈,相信我。"果然期末她考了全班第一。即使到了高中,有时孩子感觉考糟了,打电话与我交流时,我也会说她老爸在大学里还补考过呢,这算啥,还跟她开玩笑,气得她说"哪有你这样的妈妈"。

四、养成良好的学习习惯

我和她爸爸每天睡觉前都会看一会儿书,经过耳濡目染,她从小就爱上了阅读。听老师讲,她在天一中学图书馆经常借书,较大的阅读量奠定了文科学习的基础,由此养成的自学能力让她在其他学科的学习中也受益匪浅。我相信,这种自主学习的习惯对她在大学乃至终身的学习都将会有帮助。还有一个良好的习惯是劳逸结合。在家里,我一直跟她讲,星期天是不许一直待在家里看书学习的,我们宁愿要一个成绩倒数第一但充满灵气的孩子,而不要一个表情呆滞的高才生。星期天,我们都会让她找同伴去玩。她常常回来都是一身泥,是典型的"散养"的孩子。

五、树立远大的志向

沈校长多次说她是个很优秀的孩子,如果有远大梦想,行为上更加努力,前程就一片灿烂。与她一起聊天时,我常常会以此激励她。这样才能做到不因小成而骄傲,不因挫折而放弃,拥有较好的心态和不断奋进的动力。

六、良好的沟通

很多家长和孩子的关系会走向两个极端,要么是很宠,要么是管与被管,这都不好。对于前者,家长会失去必要的威信;对于后者,孩子会有抵触。要能很好地沟通,首先要取得小孩的信任,家长应该守信、努力,在各方面做好榜样,身教重于言传。然后要尊重孩子,就像对待朋友一样。我们和她可谓无话不谈,谈及学习、生活、同学关系、恋爱、婚姻,以及对国内国外一些事件的看法等。2008年全球金融危机时,凤凰卫视的一档经济访谈节目中的学者指责美国的救市是用透支来解决透支,爸爸很赞同这个观点并感到忧虑,她马上反驳,并振振有词地讲出了理由。现在回头看看,真是有些惊讶。

七、多一点鼓励和表扬

在孩子幼时的鼓励是非常重要的,不仅提升自信心,还有利于形成健康的人格。绝对不能完全以成人的认知水平来评判他们的对错,比如在幼儿园小班时,孩子说月亮比太阳大就不需要纠正。类此种种细节理皆如此。我敢说她是同龄的孩子中受到家长表扬较多的。

全惠星是一位在美国和韩国都享有盛誉的母亲。她的6名子女皆毕业于哈佛大学或耶鲁大学,其中2个儿子曾在奥巴马政府中担任副部长级职务，被《华尔街日报》誉为"震撼华盛顿特区的第二代韩裔权力精英兄弟"；他们还是美国教育部选择的"亚裔美国人家庭教育研究对象"。

我们先来看看她的6个子女的情况：

大女儿庆信，哈佛大学毕业，麻省理工学院理学博士，现任韩国中央大学化学系教授。

大儿子京柱，毕业于耶鲁大学医学院，曾任马萨诸塞州卫生和公共服务部部长，现任哈佛大学公共卫生学院副院长。

二儿子东柱，中学曾获得美国总统奖，哈佛大学医学博士和麻省理工学院哲学博士。

三儿子洪柱，哈佛大学毕业后，留学英国牛津大学，后回到哈佛大学获得法学博士学位。之后受到耶鲁大学法学院的邀请，成为该学院首位韩裔客席教授。现任耶鲁大学法学院院长。曾出任助理国务卿，主管人权事务。

二女儿庆恩，哈佛大学法学博士，曾任美国哥伦比亚大学法学院副教授，现任耶鲁大学法学院临床法学客席教授，耶鲁大学聘请的首位非白人的女性客席教授。

小儿子定柱，哈佛大学社会学系毕业后，在纽约视觉艺术学院获得了美术学领域的最高学位——MFA（艺术硕士）。

6个孩子都发展得很好，绝非偶然，让我们一起来认真阅读这位韩国首席妈妈的家教心得：

1. 妈妈们要懂得发展自我；
2. 绝对不要为孩子牺牲自己；
3. 创造一个在什么地方都能打开书本阅读的环境；

4. 感情好的夫妻，更容易成为成功的父母；

5. 学会打开孩子心灵的方法；

6. 掌握与孩子沟通的诀窍；

7. 让孩子不用督促也会主动学。

2022年诺贝尔化学奖得主之一卡洛琳·贝尔托齐在回忆自己的成长时，有这样一段自述：那个年代，很多人还在鼓吹女性读书无用，老妈却时刻叮嘱我们三姐妹："女孩们，你得拼了命读书，你要看到更大的世界，要攻下博士学位，拥有自己的事业。永远独立，永远自由！"

读完上述范例，一定会想起这句话——"影响孩子走向的，不是坐在会议桌上那些大人物的言语，而是推动摇篮的那双手"。从孩子成长的角度来说，这话确是真理。

为什么有的妈妈会让孩子感到"冰冷"?

我们想家的时候其实是在想妈妈,遇到困难的时候,最想听见的声音也是妈妈的声音。但在今天,常见这样难堪的事实:有一些孩子常常抱怨妈妈,甚至内心怨恨妈妈。

我曾问过好多孩子,他们心里究竟是喜欢爸爸还是妈妈,令我吃惊的是,很多高中孩子更喜欢爸爸。对于这样的回答,很多妈妈不理解,甚至会觉得很委屈。

问题究竟出在哪里?

在与孩子们的交流中,有一些学生告诉我,妈妈不喜欢他(她)。我说:"妈妈怎么会不喜欢你呢?"孩子告诉我,妈妈总是说他(她)不好,这也不好,那也不好;更有孩子告诉我,他(她)讨厌妈妈,我问孩子为啥要讨厌妈妈,孩子告诉我,妈妈总是对他(她)有无休止的要求,她总希望他(她)什么都是第一……

作为校长,在与学生广泛的交流中,我常常听到他们内心的一些声音。一位孩子曾在我办公室倾诉:"我的痛苦是,在我妈妈心中,有一个'虚拟的孩子',这个'虚拟的孩子'应该所有方面都比别人的孩子强。"

每当我把孩子们的话婉转地转达给孩子的妈妈时,妈妈常感到愕然,有的妈妈甚至当场失声痛哭,她们实在感到委屈,她们如此深爱孩子,她们为孩子付出了如此之多，自己的孩子竟然如此"不领情、不懂事"，这些妈妈实在难以接受这一事实。

妈妈说：孩子，我这样做是为了你好。孩子则说：妈妈，你这样做，我受不了。

其实没有一个孩子不希望自己走向成功，也没有一个孩子不懂得妈妈对自己的这种深情。但一旦妈妈把无尽的爱变成了无尽的要求，孩子们就不领情了。

我想提醒的是，一旦妈妈一定要让孩子达到自己期盼的目标，完全用自己的思维取代了尚在成长中的孩子的思维，这种深爱就变成了一种重压。在长久的重压下，孩子心态就可能彻底扭曲，在行为上，孩子就不懂事了。

凌志军先生在他的《成长比成功更重要》的再版序言中有这样一段话：

近两年来，我接到很多读者的来信，这些读者是不同年龄的学生，以及他们的父母和老师，他们对我倾诉自己的欢乐和苦恼、希望和绝望，其间充满感情，也有很认真的思考。在他们的来信中，我强烈地感觉到，我们的孩子们，一定是受到关注最多，却是得到快乐最少的孩子。

我曾收到一位学生的来信：

我的妈妈是个在学习上对我要求极高的人，说出来也许您不信，开学至现在我从没给她打过电话，因为她永远只会问我成绩、名次，从来不过问我内心的想法。她常常拿我和他同事的孩子——这次考试在他们班排第二名的那位做比较，似乎总是觉得我是在混日子，她总是想尽办法给我找补课老师，我内心很反感，但若表露出来只会受到她更严厉的责备。我不想出言伤害她,所以总是随她单方面地说说,我一言不发,但内心充满了排斥。

如果可以,请您帮我劝劝她吧,我希望我能有更多的独立空间,能有更多的自主学习的机会,而不要她牵着我一步步地走。我知道她很爱我,但这样的爱让我身心俱疲。

我要提醒这类妈妈,千万不要把无限的爱变成无限的要求,这种完全基于功利之爱已远离了教育的理性。唯成绩、唯分数不仅会成为孩子进步的绊脚石,更会成为孩子前行的重压,而一个顶着"磨盘"上路的孩子,肯定是走不远的。

我还在学生的周记中读到一位女儿写给妈妈的信,信中这样写道:

亲爱的妈妈:

我还记得小时候的我是多么爱你。那时,你在外地上班,往往是早出晚归,一个礼拜我们见不上几次面。仅有几次,竟然也能让我形成对你的依恋,这也许就是母女之间的心心相印吧。于是,我哭着喊着让你回来。你义无反顾地舍弃了高薪工作,回到了我身边。

但是,不知何时,依恋演变成了厌恶。放松休息一下,你督促我学习;洗澡的时候,又不停地提醒我要洗干净;每逢考试,我真害怕,考试前,你比我还着急,考试后,你的第一句话总是"班上第几名"。妈妈,你真的好烦呀!

妈妈,你肯定认为我一直和你对着干,不了解你的用心良苦。其实那些,我都知道。你来学校,只为一件衣服而奔波劳累;我知道,你半夜准备食品,只为第二天清晨给我一顿丰盛的早饭;我知道,你随时出门买水果,只为满足我一时的水果瘾……我知道,你做这一切一切,都是因为爱我。

你常常说，我就是你的生命，我就是你的一切。我却常常回答，你可以追寻自己的生活，寻找自己的一切。许多次，你恼怒我的言行，恨铁不成钢，却依然为我操持着一切。你是这么关心我，可我却常常不分缘由地对着你发火。我也不知道自己是怎么了，可能是你对我的要求太多了，管得太细了，我总是没有空间、没有自由……

在我积累的好多教育案例中，我看到了问题产生的一个重要原因：好多妈妈把应该享受的孩子成长的喜悦变成了自己心里的一种沉重的负担，甚至变成了一种与别人孩子攀比的资本；有的妈妈盲从一些诱人的成功故事，进而把对自己孩子的期盼变成了一种内心的焦虑。

很多妈妈的心中有三个希望，一个是希望自己的孩子健康成长，二是希望自己的孩子幸福生活，三是希望自己的孩子在很多方面超过别人的孩子。

为了孩子的健康，妈妈总是在想方设法给孩子增加各种营养，唯恐自己的孩子营养不够。为了孩子的生活享受，妈妈总是千辛万苦，自己省吃俭用，尽力提高孩子的待遇。为了自己的孩子超过别人的孩子，妈妈想方设法，寻找"教育经典"，到处寻找"名师名校"。

有的妈妈紧紧盯着孩子的一举一动，要求童稚的孩子心理快快成熟，总是用成人的语言规范、世俗行为、思维法则要求稚嫩的孩子。在这些规范、行为、法则面前，童心童语的孩子常不知所措，他们的童稚行为总受到妈妈的严肃批评。

于是，本该温柔似水的妈妈变成了"虎妈"，她们总是不满意孩子的学习状态，总是批评孩子学习不认真，总是责怪孩子学习不投入，她们总是不满意孩子的学习成绩，总是认为孩子应该有更优秀的成绩，应该"语文第一，数学第一"……她们总是不满意孩子的现状，认为孩子还可以这样，还可以那样。

第五章 我们相信：好妈妈，才有好孩子

有位孩子这样描述自己的妈妈：

妈妈舍不得吃舍不得穿，却舍得把大把大把的钞票送给培优机构；我上学妈妈上班、我培优妈妈作陪，节假日不属于我也不属于妈妈；妈妈眼睛盯着的是考试成绩，耳朵听的是各种有关教育的小道消息，鼻子还要灵敏嗅出暗流涌动的培优市场孰优孰劣，口口谈论的也都是奥数呀培优呀……

在孩子的心中，妈妈已变得越来越"冰冷"。

教育应该是一片肥沃而充满阳光的土壤，绝不应该是一把锋利的剪刀。家庭教育中，妈妈应该注意的是，当你总是拿着放大镜和显微镜去观察孩子的缺点，你会发现，孩子的心灵会离你越来越远，孩子离你期盼的目标也会越来越远。

请看一位学生写给妈妈的一封信《妈，请让我安静长大》：

小时候，你一看到邻家阿姨的孩子小星坐在门口欢快地吹口琴，就二话不说，立刻夺下我手中的小火车，拖着我走出家门，边走边嚷："你也来学吹口琴！不过咱学就学出名堂，瞎吹有啥用？"妈，我知道你根本不懂音乐，你就是眼红邻家小孩的优秀，我知道你不服输，要强！可妈，你知道吗？我一听口琴两个字头皮都发麻，我真的憎恨这个！

十岁时，邻家阿姨带儿子去学象棋。你看到了，立刻将手中的针线活狠狠地扔在地上，说："走，你也学象棋去，你看人家小星，你有他一半就好了！"妈，你知道吗？小星是喜欢象棋，每次他都笑着去的，而我每次躲在你身后咬着手指头，死活不愿意进到棋室里！

十四岁，看到邻家阿姨的儿子学奥数，你狠狠地用食指戳着我的

127

额头说:"看看小星,你怎么就不长进呢?学啥也不如别人!明天你和小星一起学奥数,听到没有?"我刚想说不,但看到你头上的白发,我忍了!妈,我真的心疼你!感激你为我做的一切,可我真的不喜欢!怕伤你,所以我默默接受一切安排!我渴望离开你!特别渴望!

十七岁时,我高考落榜!意料之中,小星考上他梦寐以求的大学!这次你什么都没说,只是不停地叹气!我说:"妈,我去复习,像小星一样考上大学让你骄傲!"你立刻死死抓住我的胳膊连声问:"真的吗?真的吗?这才像我的好儿子!去复习,去复习!一定要像小星那样,考个好大学,最好和他一个学校,咱不比别人差!"

妈,你知道吗?我在你善意的安排下长大,我懂你望子成龙的心!可妈,一个真实的自己,我成不了别人!哪怕就成为一棵每天生活在草地上的平平凡凡的小草我也愿意!其实有一点你可能不知道,小星所选择的都是他自己拿的主意,她的妈妈完全支持他,所以他快乐!

妈妈,请你松手,让我安静成长……

记得有这样一个有趣的实验,叫"母猴实验"。美国心理学家为从动物实验中获得有关爱的人类行为线索,为幼猴设计了五种人造母猴,观察"母亲"的拒绝会在幼猴的身上引起怎样的反应:第一种,偶尔用压缩空气吹幼猴;第二种,猛烈晃动,致使幼猴无法爬到"母亲"身上;第三种,装有弹簧,能将幼猴弹开;第四种,"母亲"的身上居然布满了铁钉。但这四种"母亲"都未能将幼猴从它的"母亲"身边赶开,唯独第五种,体内灌有冰水的母猴使幼猴躲在墙角,并永久地拒绝了"母亲"。

可见,"冰冷"会让孩子违背基因的本能。

可以得出结论:一些孩子不喜欢妈妈,甚至有些孩子讨厌妈妈的一个重要原因是,妈妈把无限的爱变成了无限的要求。

某城市一所重点学校的妈妈在女儿出走以后这样写道：

我开始反省自己，反省自己的一言一行，是我逼她走的，我看不惯她在家里懒懒散散的样子，我希望她永远坐在书桌边捧着课本。我把她的房间刷成天蓝色，说是"迎接高三"；我买来了营养品，说是"为了高三"；我每天都说，"高三很重要，你一定要过好这一关"；"人家孩子在高三如何如何努力考上了某某大学"。我向她承诺：你考上大学，我让你去旅游；你考上重点大学，给你买你想要的东西。高三，高三，高三成了女儿心里的一道符咒，让她心神不宁……

我们应该记住这样一段话：每个孩子都是一粒宝贵的种子，它将要长成一棵什么样的树，我们有时并不知道，但应该相信，只有当它自由生长时，它才能长成它自己的样子。

谨防家庭教育中的"暴君"

鸡蛋,外表看上去似乎坚硬无比,其实十分脆弱。轻轻在碗口一叩,或失手掉在地上,鸡蛋瞬间就会破碎,完整的鸡蛋由此成为历史,一切再也无法挽回。这是我们生活中十分常见的情景,不知为何,当我看到后,常会滋生淡淡的悲哀。

在成长中,有的孩子的"蛋壳"要坚硬、厚重一些,但有些孩子的"蛋壳"是十分脆弱的,尤其是一些出生于特殊家庭、心理脆弱的孩子。在孩子的成长中,细心地呵护他们的心灵,这些"蛋壳"才不至于破碎。所以,妈妈在教育孩子的时候,要把握好敲打"鸡蛋"的力度,要千万小心,防止"鸡蛋"在瞬间破碎。

有的妈妈犹如某些把利润当成一切的果农,种下果树,就恨不得果树马上开花结果,马上赚大钱,于是她们用激素催生,希望果树早早开花,早早结果。有的妈妈,甚至在教育行为中没有了母性的温柔,她对孩子的进步永远不满足,她的眼睛中只有成绩、名次,只有等级证书,她在孩子的生活、成长中甚至成了一位恐怖的教育"暴君"。

伟大诗人雨果曾经说过:"苛求等于毁灭,过高的期望值是无形的杀手。"

请看下面这桩令人难以置信的"徐力杀母案":

第五章　我们相信：好妈妈，才有好孩子

金华市某中学高二学生徐力出生在一个普通的工人家庭。母亲吴凤仙是当时金华县食品公司职工。由于徐力的父亲长期在外地火车站工作，徐力基本上是在母亲的照料下成长的。

吴凤仙虽然收入不高，但望子成龙的她省吃俭用，把家里事情全部包揽下来，一心想让孩子读好书。初中升高中时，徐力考进了学校的重点班，但高一上半学期排名全班倒数第二。通过努力，高一下半学期，徐力一跃到了第10名。吴凤仙喜出望外，要儿子以后每次期中、期末考试都排在班级前10名。一次，吴凤仙参加家长会议时得知，徐力期中考试的成绩排在班级第18名。回家后，备感失望的吴凤仙把儿子狠狠地打了一顿，并对喜欢踢足球的徐力说："以后你再去踢足球，我就把你的腿打断。"徐力感到非常委屈和压抑，觉得母亲管得太严，生活没有乐趣。

一天中午，徐力放学回家吃完中饭后，想看会儿电视。吴凤仙不让儿子看电视，并说："期末考试你一定要考前10名。"徐力顶撞说："很难考的，不可能考得到。"母子之间再次为学习争执起来。感到绝望的徐力从门口拿起一把木柄榔头朝正在绣花的母亲后脑砸去，将母亲活活砸死。

对此，我们啜泣，我们无语，我们慨叹，除了有切肤之痛外，更有捶胸之悲。

我们再来看下面的材料：

据报道，某大学西校区的科研楼上，某大学一名大一新生因不能适应新的环境跳楼身亡……

一名初二女生在身穿校服离开家后，突然走至大厦高层一跃而下，当场身亡……

看到一个个鲜活的生命瞬间消失,看到娇艳的生命之花轻易凋零,我们的眼睛在流泪,我们的内心在流血:是什么逼着那些花季的青少年走上了不归路?

尽管莽撞与冲动是孩子的特质,但孩子毕竟还是生命旅程中的成长者,作为保护者、监护人的父母,一定要充分认识到,只有宽容有度,濡染有法,才能营造出适合孩子健康成长的和谐环境与融洽氛围。

美国教育家杜威(John Dewey)曾在《民主主义与教育》中以专章讨论学生指导的问题。杜威先生认为,指导(direction)是一种特殊的教育形式,有时也称之为"控制"(control),有时又称之为"辅导"(guidance)。杜威指出不顾学生的主动倾向,仅从外部加以控制,会引起被控制者的某种反抗或抵制,但是,如果采取联合的行动,这种行动本身就会将参与者本人的主动倾向引导到某条连续的道路上。

在杜威看来,控制、指导、辅导并不是三种不同类型的影响,而属于同一种类型的教育职能,按照他的意思,"指导"注重指导者的外部影响与被指导者的主动倾向之间的平衡,如果过于偏重外部影响,"指导"就会演变成一种刚性的"控制",因此,"控制"是指导的极端,"控制"往往是指导者忽视或轻视控制对象的主观意愿、现实状态和主动倾向,企图通过掌控、驾驭、管制、束缚达成目标,但最后的结果往往是"苦闷"和"失望"。

可以清晰看到,许多孩子虽然人高马大,但他们的心理发展仍处在稚嫩期。加上现在的孩子多为独生子女,他们更缺少成长中风霜雨雪的体验,当他们的生活中遇到了强烈不适或严重受挫时,如果父母没有及时给予"港湾"式的关怀和温暖的慰藉以及及时的疏导,不幸就容易发生了。

我们深切感到,家庭教育方式失当,孩子必将因失去生命成长中最重要的温馨而迷失人生的航向,生命危险的警报就会鸣叫。简单粗暴型的家庭教育，溺爱加放纵型的家庭教育，过度说教及言行不一的矛盾型教育，都是孩子暴殄生命的主要原因。

面对这些血淋淋的案例，年轻的父母究竟该怎样做？家庭生活中特别应该注意什么？我想这应该可以回答了。

我更要提醒年轻的妈妈，当你成为幸福的妈妈后，千万不要因为深爱自己的孩子，过早设计孩子的人生目标；千万不要因为误信"不要让孩子输在起跑线上"，而过早过多地制订了种种规范；千万不要片面理解"全面发展"，而过多过高地要求孩子们学这学那；千万不要因为"家庭虚荣"，而要求孩子在同龄人面前一定要显山露水。

每一位妈妈一定要相信：每一个孩子是如此不同，你的孩子就是这个世界上的唯一，寻找适合你孩子个性的教育，你的孩子才会有金色的童年与灿烂的未来。

倘若你总是用你的思维，仅仅用你心中的目标来为孩子制订成长计划、生活安排与学习要求，你一定会有无限的烦恼。

年轻的妈妈，我向你推荐《汪洋中的一条船》中讲述的一个故事：

一位印度教徒，步行到喜马拉雅山的圣庙去朝圣。路途非常遥远，山路非常难行，空气非常稀薄，他虽然携带很少的行李，但沿途走来，还是显得举步维艰，气喘如牛。他走走停停，不断往前遥望，希望目的地赶快出现在眼前。

就在他的前方，他看到一个小女孩，年纪不会超过十岁，背着一个胖嘟嘟的小孩，也正缓慢地向前移动。她气喘得很厉害，也一直在流汗，可是她的双手还是紧紧呵护着背上的小孩。

印度教徒经过小女孩的身边，很同情地对小女孩说：我的孩子，你一定很疲倦，你背的那么重！

小女孩听了淡然地说:"不,你背的是一个重量,但我背的不是一个重量,他是我的弟弟。"

小女孩的回答说出了这样一个道理:爱没有重量,爱不是负担,爱应该是一种喜悦。

年轻的妈妈,你的耳边,应该永远鸣响这句话:一个顶着"磨盘"上路的孩子,他的生活与成长将十分不幸。

不要做"100分妈妈"

我说的"100分妈妈",大约有三种类型。第一类是面对孩子,从无教育原则,总是迁就孩子的任何要求。在"100分妈妈"的心里,迁就孩子、顺从孩子的要求就是爱。第二类是包办孩子的成长过程。"100分妈妈",总是喜欢包办孩子生活中的所有事情,包办孩子的兴趣选择,甚至包办孩子的思维,由此,孩子没有了生活、没有了自主意识、没有了个性。"100分妈妈"并没有意识到,包办孩子生活中的一切事情,实质上是妈妈以爱的名义剥夺孩子认识生活、体验生活的权利,剥夺孩子的自主成长。第三类是片面重视孩子的学习成绩,极度在乎孩子的班级名次,只允许进步,不允许后退,成绩稍有后退即大呼小叫……

我一定要提醒,"冰凉"的"虎妈"肯定不可取,但"100分妈妈"同样也不可做。

有人曾说,民族与民族的竞争其实是妈妈与妈妈之间的竞争,当我们聆听这样的专家提醒时,很多妈妈会不以为然,她们总认为,生活水平提高了,让孩子"享受生活"没什么问题。我们可以看到,中国的妈妈们在生活中给予了孩子太多的呵护与过多的物质性享受,但我们忘却了这样一个基本道理,"被妈妈抱着长大的孩子"与"跟着妈妈行走的孩子",人生可能是截然不同的。

我好多次在国外的机场看到，爸爸、妈妈拉着大的拉杆箱走在前面，而幼小的儿童拉着小的拉杆箱走在后面。"自己的事情自己做，能自己做的事情一定要自己做"，这样一条基本的生活教育原则似乎被淡忘。

中国的独生子女有了太多的呵护、关爱、宠爱，所以，他们没有了自己的生活，也远离了自然的成长过程，他们已生活在父母、爷爷奶奶营造的"温室"之中。在这种长辈的"人造温室"中，既没有了真实的"电闪雷鸣"，更没有"风霜雨雪"。也就是说，孩子的成长缺失了真实的生活体验。这种"温室效应"的恶果就是：孩子们缺失了"独立""自主"这样一些关键素质的自然生长，"骄""娇"两字成为独生子女的一种通病；孩子的"自我中心"意识任意滋长，极易缺失规则意识，行事容易冲动，有些孩子甚至以为"世界就是我"；在这种"温室"中长大的孩子普遍缺乏耐挫的心理准备和抗挫能力，稍遇挫折，他们就以为天已塌，甚至产生自残自灭的弃世行为。

很多家长尚未认识到，对孩子来说，生活本身就是一本"百科全书"，生活的过程更是一种体验、感悟、内化的过程。

我一定要郑重地提醒，毅力、意志力等人格特征的培养一旦离开了真实生活的感染、体验与历练，绝对是无本之木。

年轻的父母一定要懂得，在孩子的养育过程中，亲情是把双刃剑，它使孩子们可以沐浴温暖与阳光；但亲情也是迷雾，当"爱之深""爱之切"时，聪明的妈妈可能会变得"情商"很低，智慧的爸爸可能会失去教育理性。在百般"呵护"与千种"溺爱"中，孩子们渐渐没有了"独立"，不懂得"自主"，更不会有"责任"与"进取"。

现在普遍存在着妈妈包办孩子一切的现象，这种包办必然造成孩子成长生活的"单调"与生活态度的"懒散"。大家应该看到，经济发达地区的孩子、城市中的许多孩子已经非常缺乏亲近自然、走进自然的体验。由于家庭生活中妈妈对孩子无微不至的生活包办，孩子们已没有了真实的生活学习、生活体验，好多孩子已不知何为真实的生活，更不知艰苦为何物，也不可能懂得生活本身的曲折复杂。面对这样的孩子，仅靠学校知识的灌输，让他认识、认同"光荣与梦想、生活与责任、祖国与人类"，绝对是一种不现实的要求。

我曾看到这样一位学生，学习成绩不错，但同学关系总处不好，换了几间宿舍，他总是抱怨"别人对他不好"。后来我细问之，发现原因也很简单：熄灯前，他总是长时间占着宿舍公用电话，因为他妈妈每天要与他通话，千叮万嘱；宿舍轮到他内务值勤，清卫工作总被扣分，因为他说在家他从不做家务，而且他妈妈也说，冲刷卫生间太脏；爸妈送来的水果，他总是一人悄悄享用，因为妈妈关照他，好东西要自己吃……

请看学生周记中写给妈妈的一封信：

妈妈，我怨你。

我怨你为何总是对我不满意，却又常常说起别的孩子多么优秀；我怨你为何总是认为我长不大，却又了解别的孩子多么自由、多么独立；我怨你为何总是对我提要求、对我加压，却又似乎看不到我已然在背后挥汗如雨。我知道，你看得到；但我也知道，你认为那叫作母爱。

但我依旧怨你。

我没有好脾气，因此平时对于你的絮叨多有顶撞，我也恳请你能够原谅我的冒失，我更希望的是你能为我少操些心，你总在担心我不认真学习或结交损友，但我心中自有安排和分寸，学习在学生时代里自然永远是第一位的。我已经"半成年"了，很多事必须由我自己独当一面。

你这也不放心，那也不放心，让我如何成长？

我校总务处副主任张勇老师负责校园生态课程的建设与管理工作。在西漳老校区的时候，他就饲养了一群鸽子，这些鸽子时而漫步于草坪，时而飞翔在校园上空，成为天一中学孩子们课间观赏的最爱，给学校增加了不少灵气与生趣，也在潜移默化中熏陶着孩子们热爱小生命的善良之心。孩子们看到，张勇老师每天几次给鸽子喂食。这些颇具灵性的小生命已熟识了张勇老师，只要张老师一出现，大大小小的鸽子顿时从四面八方飞向他，叽叽咕咕乞食。天一中学的孩子们戏称张勇为"鸽爸爸"。

2005年春天，张勇老师买回了一对野鸭，放养在信息楼后的映天湖内，一个月后，一只母鸭不见了，大家遍寻不见。又过了一段时间，校内出现一景，一只母鸭在前，后面跟着十二只小野鸭一路纵队，摇摇摆摆。天一中学的孩子们无不欢呼雀跃。

2008年年初，百年罕见的大雪袭来，天寒地冻，而此时，两只母鸭各孵化了一窝小鸭。张勇老师看着在冰天雪地中蜷缩在湿漉漉母鸭身下的小鸭，恻隐之心油然而生，冒着大雪，抓住了一只母鸭和它的十个孩子（另一窝受到惊吓，跑散后未抓住），把它们放进了学校小农场的平房中，还专门拉了电线，装上电灯取暖，每天平房内放上食堂师傅精心切碎的青菜、菠菜，可谓呵护有加。但当严寒过去，我们却看到了残酷的事实，温室内受到百般照顾的小野鸭一只都未存活，而留在校园内，在冰天雪地中历受严寒的一窝小野鸭却健壮活泼。

校园野鸭的成长故事告诉我们，每一个生命的成长，不仅需要妈妈百般的照顾，更需要自身适应环境、提高生存能力。倘若我们违背了自然界的这种铁定法则，那爱可能就变成了一种破坏力，甚至演变成了一种无意的亲情"虐杀"。

我还曾听说过这样的故事：

有一个湖，叫天鹅湖，湖中有个小岛，住着老渔翁和他的妻子，渔翁摇船捕鱼，妻子养鸡喂鸭，他们很少与外界往来。有一年秋天，一群天鹅来到岛上，它们从遥远的北方飞来，准备去南方过冬。老夫妇看到这群远方来客，非常高兴，因为他们在这儿住了这么多年，还没有谁来拜访过。渔翁夫妇拿出喂鸡的饲料以及打来的小鱼招待天鹅。渐渐地，这群天鹅就和夫妇成了朋友。

冬天来了，这群天鹅竟然没有继续南飞，当湖面封冻，它们无法觅食的时候，老夫妇就敞开他们的茅屋让它们进屋取暖，并且给它们食物。这样日复一日，年复一年，每年冬天，老夫妇都这样奉献着他们的爱心。有一年，他们老了，离开了小岛，天鹅也从此消失了，不过它们不是飞向了南方，而是在第二年湖面封冻的时候冻死了。

为了撰写本书，我采访了我的很多同事，有很多范例都来自老师们的叙述，更有一些老师提供了一些鲜活的材料。下面，让我们阅读赵红慧老师撰写的一个真实故事：

学生小P

中学时代的小P有着小小的个儿，皮肤白皙，聪明可爱，智力超群，被重点中学提前录取。进校后因脑子灵活，反应敏捷深受老师的喜爱，因此他常被老师表扬。但渐渐地，他便出现状况：迟到早退、上课开小差，自修课讲话是常事，有一次竟被发现，他的某篇作文竟由颇有文学修养的爷爷代笔完成。渐渐地，他在年级里便小有"名气"，因聪明有名气，因淘气有名气，因违反纪律有名气……

于是，老师把家长请来沟通交流，很快便找到病因：妈妈对小P的满意溢于言表，开口就是"我家小P怎么怎么好，我家小P怎么聪明，我家小P想怎样怎样发展"……细心观察之后发现：其家人尤其是妈妈把小P宠得"上了天"。每次来学校，只要是小P要求的，一一满足；老师稍有批评，总会为儿子辩解一番，有时甚至还把老师"教育"一番。进入高三后，班主任从行为习惯着手，在个性品质、学习成绩方面给予指导，终于功夫不负有心人，小P以高分进入国内一所著名高校。小P离开学校时，老师和小P以及他的家长进行了一些交流，告诫小P一定要学会控制自己，要珍惜机会，让自己成为一个优秀的人才。同时还善意提醒他妈妈："你一定要好好研究培养孩子的方法，要是小P出什么问题，可能大部分是你的责任！"

三年后的某一天，见小P妈妈心急火燎地赶到学校，央求老师给大学教务处打电话求情，经和大学老师联系，老师了解到小P进入大学后由于缺乏自控能力，终日沉迷于网络，多门功课不及格，被勒令退学。大学老师强调学校已经给予了多次机会，但现在已经无法挽回了！而这个时候，他妈妈说的还是："老师啊，你不知道我家小P现在又高又帅，我可是什么要求都满足他的呀！他要什么，我就给他什么！他怎么就成这样了呢？"

一个孩子就这样在错误的爱的旋涡里迷失了自己，老师们无不扼腕叹息！

在长期的学校生活中，我也看到了一些爸爸妈妈错误的爱，看到了一些因爱而产生的错误教育行为：

一位家长跑到我办公室，对我说，沈校长，有件事请你关心一下。我说，什么事，你说吧。这位家长满脸严肃地对我说："学校各方面的条件确实好，可宿舍地面还是水泥地，现在无锡的家庭还有哪家房间内不铺地板？"

我当时笑着说："慢慢来吧。"但家长一本正经地说："如果学校经济上有困难，我孩子宿舍的地板由我家来铺设。"听完这句话，我感觉不能不对这位家长说几句了。因为在此事之前，也是这位家长找班主任谈了一次，对班级安排清卫值日提了很多意见。可能是孩子在家确实从未做过清洁卫生的事情，轮到这位同学卫生值日，他一是不会做，二是嫌冲洗卫生间太脏，所以值日清卫工作做得很差。班主任了解情况后，批评了这位孩子。但孩子仍理直气壮地说："我父母从不要我做家务事，厕所真的有臭味呀！"对此，班主任给予了严肃的教育。这原本是一件小事，孩子也表示了自己改正的决心。但这位爸爸知道后，第二天立即赶到学校。当着孩子的面，家长说："我孩子到学校是来读书的，不是来劳动的，如果确实要排我孩子值日，我一定来代劳。"

我当时就非常严肃地对家长说："美国教育家杜威先生曾说，生活即教育。生活中的每一件事都在潜移默化地影响和教育着孩子的成长。爱劳动是一种美德，学会分担责任更是一种素质。"我对这位家长说："倘若你想让孩子走得更远、飞得更高，你一定要深刻认识，何谓素质？何谓素质教育？"

以上述方式错爱孩子、错误引导孩子的家长并不多，但类似的错误的教育方式却有很多。新学期开学，学校都会安排新生入学军训，十天的严格军训，已经成为高中新生入学的第一课，很多新生都在军训总结中写道：虽然军训十分艰苦，但这十天的磨炼，对整个人的品质会有提升。原本一个人的"独生"，变成了五十个人的"伴生"，孩子暑期在空调房间内，手握鼠标、遥控器的悠闲生活，转瞬变成了烈日下军歌口令的铿锵训练。十天时间虽不长，但孩子们从身体到心灵都有一种铭心刻骨般的体悟，解放军战士铁的纪律、钢的意志带给青年学生心灵的震撼是课本上、课堂内学不到的。

但遗憾的是，总有一些妈妈因心疼孩子，怕孩子在军训中受苦，编一些理由，为孩子不参加军训而请假。有的孩子不愿意，妈妈还这样说：

"你傻吗？十天时间，天天在阳光下操练，想想多苦，况且又不上课，你正好可以在家里，开着空调，多看一点书。"

这样的妈妈，她还没有认识到，这种引导已在孩子的心田种下了懒惰的种子。

锡山实验学校钱碧玉老师曾这样写道：

有人说，中国父母对孩子的爱是世界上最无私的爱，中国父母可以为孩子牺牲自己的一切。殊不知，这种被教育家称为"母鸡的爱"的教育观念，正在剥夺着孩子遭受适当挫折和困难的权利，剥夺着孩子在未来社会生存的能力。

没有经历饥饿，便不知米粒的珍贵；没有受过寒流的抽打，血液和骨髓中就不能孕育生长出抗争严寒的细胞。苦，可以折磨人，也可以磨砺人；蜜，可以养人，也可以害人……

什么是更深沉、更理性、更科学的爱？我们来读一篇《无锡日报》刊登的文章——《法国妈妈育儿经》：

有一天晚上，凯瑟琳的一位法国朋友露西和丈夫带着两个孩子去她家共进晚餐，正是他们让凯瑟琳看到了法国妈妈的智慧。

凯瑟琳两岁的小女儿达芙妮很快就"原形毕露"了。她不停地大声尖叫，还使劲地手脚并用捶打地板。这个时候，露西正在喝葡萄酒，她仍然是一副优哉游哉的样子。她送给凯瑟琳一句话："孩子没流血，就不要管。"露西说，那是她远在法国的母亲经常说的一句话。

养育孩子就像一场篮球赛或足球赛。没有流血，就没有破坏规则。一切照旧继续！就是这么简单。

凯瑟琳后来在法国的一个育儿网站上，读到了4个避免孩子乱发脾气的小提示：1. 对于规则，态度明确而坚定；2. 对孩子的哭闹，泰然处之；3. 让孩子懂得等待；4. 让孩子懂得尊重大人的需求。这其中最关键的一点是，不要忘了你是"一家之长"，应该由你来制订规则，并且不能妥协让步。

我记得，托马斯·弗里德曼在《世界是平的》一书中有这样一段论述：

清晨，非洲的瞪羚醒来，
它知道自己必须跑过跑得最快的狮子，否则就会被吃掉。
清晨，非洲的狮子醒来，
它知道自己必须跑过跑得最慢的瞪羚，否则就会饿死。
无论你是狮子还是瞪羚，这都无关紧要，
当太阳升起时，你最好就开始奔跑。

我想对"100分妈妈"这样说，在所有孩子的教育中，"独立"的培养一定是基础性的工作，而"独立"的培养一定是从生活开始的。可以说，没有目标、没有动力、没有毅力的孩子，无论妈妈多么深爱，"三无"的孩子永远都不可能有真正的人生幸福和人生成功。

🍃 本章关键词

母爱　妈妈的影响　拒绝"冰冷"
不做"100分妈妈"

🍃 本章重点讨论题

1. 请妈妈认真回忆，在你的成长中，妈妈做的对你影响深刻的三件事，也请你回顾一下，你如何影响着孩子的成长？

2. 请妈妈组织一次家庭民主生活会，让爸爸和孩子对妈妈的教育行为进行一次讨论：妈妈的哪些教育行为做得非常好，哪些教育行为应该进行一些优化？

第六章 我们相信:有一种事业叫父亲

每一个家庭中,都有一位重要的人物,他叫父亲。

男孩将父亲作为榜样,女孩会把父亲对母亲的态度和方式作为未来自己家庭构建模式的参考。在孩子的成长中,有了父亲的存在,才有了完整的家庭教育。父亲的言行,深刻影响着孩子的性格、志向、价值观,进而影响着孩子今后的学业、事业以及婚姻、家庭生活。

好爸爸就是一盏灯

有位作家曾说过这样一段话:

一个人的成长中,有许多关键的时刻,一步乃至半步都可能决定人的一生。年轻人走到这样的关键点上,特别需要长者的指点与帮助。在家庭生活中,父亲就应该是这种关键点上的重要人物。

俗话说,母爱如水,父爱如山。多少年来,人们在歌颂和赞美母亲的同时,并没有忘记父亲的伟大。1934年,美国国会规定每年6月的第三个星期日为父亲节。迄今为止,全世界至少有20多个国家通过各种方式在这个日子过父亲节。

许多人都读过现代作家朱自清的散文《背影》。短短的一篇散文用朴素的文字把父亲对儿女的爱,表达得深刻细腻。读着读着,许多人会回忆起父亲对自己的影响，沉浸在这种深沉的回忆中。

中国香港作家梁凤仪说：恐惧时，父亲是一块踏脚石；黑暗时，父亲是一盏照明的灯；枯竭时，父亲是一湾生命的水；努力时，父亲是精神上的支柱；成功时，父亲又是鼓励和警钟。

下面，就让我们来分享世界各地"模范父亲"的故事。这些好爸爸有的默默无闻，却培养出了扬名天下的人才；有的自己就是世界名人，在教育孩子方面也颇有一套。不管这些故事是令人感动或是给人以启发，对年轻的爸爸们来说，研读一些成功的父教之道，对帮助自己的孩子成长是极有意义的。

2008年4月，我在中国科学技术大学参加科大少年班成立30周年庆典，有幸见到了人称孩子培养"魔术师"的蔡笑晚先生，聆听他培养六个孩子（五个博士、一个硕士）的家庭教育经历，对他钦佩不已。回到学校以后，我认真阅读了他在2007年撰写的《我的事业是"父亲"》和2009年出版的《蔡笑晚教育家书》。通读这两本书，可直接感受到一位父亲成功的教育之道。蔡笑晚先生一生坚持"把孩子培养视作事业"的家教理念，其点点滴滴的生活教育细节确是年轻爸爸们应该好好学习的。

将子女一个个送上精英之路，父亲蔡笑晚功不可没。"把父亲的角色当事业来经营"是蔡笑晚经常挂在嘴边的一句话。

蔡笑晚从小热爱读书，考上重点高中后，由于出身问题，被学校除名。年轻的蔡笑晚用一年的时间把高中的课程全部修完，并参加了高考。然而，在那个年代，"家庭出身"好似一道铜墙铁壁，再一次阻断了他的求学路。于是，他进小学当了一名教师，并以优异的表现被评为先进青年。在学校的推荐下，蔡笑晚终于凭借三门科目满分的成绩被杭州大学物理系录取，圆了自己的读书梦。

1962年，父亲去世了，让蔡家陷入了困境。作为长子的蔡笑晚不得不从杭州大学退学，承担起养家糊口的重担。

不久，"文革"袭来，动荡的时代让蔡笑晚感到前途渺茫。得知妻子怀孕后，"多生几个孩子，把他们培养成才"的念头占据了他的脑海，"把自己的智慧、知识、追求延续到下一代身上，转化为下一代的发展优势"。蔡笑晚作为父亲的事业就这样拉开了序幕。他把自己的名字改为"笑晚"，寓意是不能在青春年少开怀大笑，就要让自己笑在最晚、笑得最好！从1967年到1977年的10年之间，蔡笑晚和妻子共生了5子1女。他笑称"我的事业是父亲"。

6个子女中有5位博士和1位硕士！这在整个中国都引起了轰动。凤凰卫视中文台著名主持人陈鲁豫说："我要有孩子，也请蔡老师帮我带！全国的父母都应该看蔡老的这本书！"

长子蔡天文，美国康奈尔大学博士毕业，36岁即成为美国宾夕法尼亚大学最年轻的终身教授，还担任美国国家基金会的论文审查工作，2008年荣获世界统计学"诺贝尔奖"——"考普斯总统奖"。

次子蔡天武，14岁考入中国科技大学少年班，19岁时考上诺贝尔奖获得者李政道主办的CASPEA留美博士班，25岁获得美国罗切斯特大学博士学位，毕业后曾任华尔街基金管理经理，曾在美国最大的、素有"金融界哈佛"之称的美国高盛公司出任副总裁。

三子蔡天思，北京外国语大学毕业，曾被美国圣约翰大学录取为博士生，现在国内开办实业。

四子蔡天润，华西医科大学毕业，曾被美国阿肯色州立大学录取为博士生。

五子蔡天君，中国科技大学硕士。

六女蔡天西，18岁成为麻省理工学院博士生，28岁成为哈佛大学最年轻的副教授。

蔡笑晚教育子女坚持早教、立志和自学的原则，紧抓孩子从零岁到人生各个阶段的成才关键点。他认为，人人满意的教育观念最危险，只能培养出四平八稳的平凡孩子。在他看来，孩子成才在所有日常事务中都应永远排在第一位！那些只在周末晚上亲一下孩子额头的父亲是失职，更是失败。

他曾出席六女蔡天西的哈佛博士毕业典礼，并受邀发言，发言中有这样一些观点：

一、把培养孩子成才看成是自己的人生事业，把它摆在日常事务中的第一位，必要时不惜牺牲其他的一切。

二、用爱去营造良好的学习和成才氛围，用爱去培养和保护孩子的自尊和自信。

三、要孩子做到的事必须自己先做到。用斗志去激发斗志，用气概去培养气概，用道德去感化道德，用对伟大的追求去引导孩子走向伟大。

四、用苦难去磨炼意志，让富有哲理的故事渗透到孩子幼小心灵的深处，培养其执着的追求精神。

五、用科学方法指导早学、巧学，争取时间，培养自学能力；发展优势，培养兴趣；掌握整体，解决局部；抓住要点，放弃细节，保证百分之八十五。

可以这样说了，这位父亲用自己一生的教育实践，成功培养了六个精英子女。

我们再来阅读几位世界名人的成长故事，从中感受父亲的教育力量。

安徒生：丰富的精神生活

丹麦童话作家安徒生出生在富恩岛上一个叫奥塞登的小城镇上，那里有不少贵族和地主，而安徒生的父亲只是个穷鞋匠，母亲是个洗衣妇。贵族地主们怕降低了自己的身份，从不让自己的孩子和安徒生一起玩。安徒生的父亲对此感到非常气愤，但一点也没有在孩子面前表露，反而十分轻松地对安徒生说："孩子，别人不跟你玩，爸爸来陪你玩吧！"

父亲亲自把安徒生简陋的房间布置得像一个小博物馆，墙上挂了许多图画和做装饰用的瓷器，橱窗柜上摆了一些玩具，书架上放满了书籍和歌谱，就是在门玻璃上，也画了一幅风景画。父亲还常给安徒生讲《一千零一夜》等故事，有时则给他念一段丹麦喜剧作家荷尔堡的剧本，或者英国莎士比亚的戏剧本。

为了丰富安徒生的精神世界，父亲还鼓励安徒生到街头去看埋头工作的手艺人、弯腰曲背的老乞丐、坐着马车横冲直撞的贵族等人的生活，这些经历为安徒生以后写出《卖火柴的小女孩》《丑小鸭》等童话故事打下了很好的基础。

戴高乐：坚决避免特殊化

20世纪50年代末，戴高乐就任法国总统，他进入爱丽舍宫后的第一件事，就是叮嘱主管礼宾事务的官员："我跟你们约法三章，今后你们最多只能安排我的孩子参加两次招待会。"主管礼宾的官员对此很不解，戴高乐耐心地解释说："这样做可以避免特殊化，对孩子的成长有利。"

在戴高乐执政的11年间，他的家庭成员从来没有因他的缘故得到过任何例外的提升，他的亲属子女也没有一个人被安排在政府部门任职或谋取利益。戴高乐还不准孩子们抛头露面，搞特殊化。

戴高乐鼓励自己的子女说，必须从小就抛弃"大树底下好乘凉"的观念，只能依靠自己的努力在社会上争得一席之地，而不是依靠父亲去取得特权。

约翰·D.洛克菲勒：锻炼身体与游历世界

19世纪，洛克菲勒家族事业的创始人约翰·D.洛克菲勒只是一个周薪7美元的打工仔，但他通过个人奋斗最后创建了标准石油公司。在教育自己的下一代方面，他制订了许多严格的"措施"。

约翰·D.洛克菲勒常常和孩子强调锻炼身体的重要性，儿子上学时，他让儿子滑着旱冰经过中央公园到林肯学校，家庭司机只是开着车跟在后面。

另外，洛克菲勒家族很注重到世界各地游历对孩子成长的影响。孩子很小的时候，就跟着父母开始飞越北美大陆、欧洲、北非等地。这种教育增强了孩子们对社会多元化的认识和准确把握社会常理的能力，为确立人生目标起到很好的启发作用。

推荐年轻的爸爸看一看《洛克菲勒给儿子的38封信》这本书。当你认真读完这本书，你一定会有深深的感慨，洛克菲勒家族能几代巍然屹立的答案都在这38封信中。

新东方教育科技集团的创办者俞敏洪也有一段传奇的人生，而他的成长离不开小时候他父亲的言传身教。

俞敏洪的父亲是个木工，常帮别人建房子，每次建完房子，他都会把别人废弃不要的零星砖头捡回来。久而久之，院子里多出了一个不断增高的砖头堆。小时候的俞敏洪搞不清这一堆东西的用处。直到有一天，一间四四方方的小房子居然拔地而起。

父亲向俞敏洪阐释了做成一件事情的奥秘。此后做事时，俞敏洪一般都会问自己两个问题：一是做这件事情的目标是什么，因为盲目做事情就像捡了一堆砖头而不知道干什么一样；二是需要多少努力才能够把这件事情做成，也就是需要捡多少砖头才能把房子造好。

在长期的教育经历中，我也得出这样一个结论：在每一个优秀孩子的成长过程中，都可以清晰看到父亲的正面影响。

2010届黄舒婷同学考取北京大学之后，她爸爸和我交流时曾说过这样一段话："孩子的培养绝对不是多花钱，而是要在生活中多引导。"黄舒婷的爸爸在正大集团外地分公司工作，一个月才能回无锡一次，但每次回家，爸爸都会抽时间与女儿进行各种"闲聊"。话题既有公司工作，又有天一中学的生活；既有国际风云，又有家庭琐事；既有商场战略，又有同事相处。在一次次这样的"闲聊"中，孩子在爸爸身上看到了父亲如何追求事业的进取心，懂得了一个人应该如何与人相处，孩子更在与爸爸的交流中逐渐感知，人应该有一种担当，一个人的成长也不可能一帆风顺，遇到困难时，应该如何去寻找帮助，应该如何去寻找克服困难的方法。黄舒婷同学曾感慨地说，我的老师既有天一中学的学科老师，更有父母这样的"德育老师"。黄舒婷爸爸则深有体会地说："在单位里，老板是企业文化的主要缔造者，在家里，爸爸应该是家庭文化的重要缔造者。"

驻锡部队的原师参谋长孙学余是我的好朋友。一次相聚时，谈起孩子的教育，他说过这样一段话：每个孩子都有一个成长的过程，特别是初中"叛逆期"时，如何指导孩子的行为，对父亲的教育智慧是一个较大的考验。他说，小时候在农村见过这样的情景，散养的牛常会走进麦田去吃麦子，有的牧童性急，拉起鞭子对牛屁股就是一鞭，牛疼痛之下，会在麦田内乱窜，往往踩坏一大片麦子。而聪明的牧童则不会这样做，当牛走进麦田，他会轻轻走上去，抚摸一下牛头，拉着牛缰绳走一圆弧离开麦田，再倔的牛肯定也乖乖地跟着走出去。孙参谋长说，"叛逆期"的孩子犹如一头倔牛，当这头倔牛犯错时，父亲应该有足够的耐心，倾听孩子的"歪理"，然后顺着孩子的话题，展开父子之间深入的讨论。他认为，父亲对孩子的教育不一定要狂风暴雨式的，也完全可以是和风细雨的，但这种"和风细雨"又应是适时、适事并有原则地及时进行。在这样一种讨论式的对话中，父亲应把自己的分析、对某事的态度清晰地告诉孩子，并予以明确的要求和指导。他深有体会地说，父亲对孩子的影响，往往表现在"关键点"上父子之间的这种交流。

一位中国台湾地区家长来访，他说有一个朋友，爱子心切，朋友们都戏称他"背着孩子在走路"，工作时总想着孩子在学校是否认真学习，回家时总是追问孩子成绩如何、作业如何。虽然在他的严压下，孩子的成绩尚可，但孩子变得十分内向，高中毕业后虽然考取了大学，但在大学时学习平平，毕业后多次找工作面试均未通过。而这位与我对话的家长自己也有两个儿子，他说他的教育方式是极为重视孩子的兴趣、独立性、性格、习惯的培养。孩子上学后，他多次询问孩子，课外要不要找老师补习，大儿子每次都断然说"不要"，他就从未为大儿子找过家教。小儿子较淘气，喜欢玩，他就对小儿子提了一个成绩要求："希望你认真学习，努力争取考试在班级中等以上，达到这个要求，你可以玩自己喜欢的任何东西，如成绩下降，则暂停。"在他的这种引导下，小儿子成绩、兴趣发展均不错。在生活中，他经常了解儿子的兴趣、志向，大儿子喜欢汽车，他就经常带他看各种车展；小儿子喜欢大自然，他就经常带他旅游。他自豪地说，两个儿子成绩并不十分优秀，但两个儿子都具有良好性格、良好习惯，并都对某一领域有兴趣，且大学毕业后，工作都很出色。

在2013年北大的中学校长实名推荐中，申报学生面试答辩时，我听到了好多关于父亲影响的话语。

陈可遇同学这样说：爸爸对我不溺爱，第一次上幼儿园，就让我自己走向老师。爸爸总是信任我，生活中放手锻炼我，小学上锡师附小，要转两次车，爸爸让我自己乘公交上学。在选科学习、填报志愿等方面爸爸引导我，他经常推荐优秀书籍给我，并和我一起交流读书心得。

王柯文同学则这样说：父亲总是鼓励我自己解决问题，从不包办代替。如在社会实践活动中联系组织，与老师的交往，处理与同学的矛盾等，在自己解决问题的过程中，我的能力越来越强，也变得越来越自信。

2013届保送浙江大学的姚铮然同学担任校长小助理时，曾写过这样一篇文章——《我和爸爸的"战争"》：

我一直认为，我的成长、我性格的养成很大程度上得益于与爸爸的"战争"。

我就描绘一个有代表性的场景吧：在某个傍晚，晚餐以后，我打开电视，开始看时事评论节目。这时候爸爸就摘下围裙（在我家爸爸是大厨），把洗碗的活推给妈妈，然后在沙发的另一边坐下，陷入了沉默，对电视里评论员激情争论的沉默，对厨房里"唰唰"洗碗声的沉默。

习惯于中国传统故事的人都会知道这时候应当会有一个打破沉默的声音出现。果然，爸爸一拍腿，"啪！"他不容置疑地说道："怎么可能？如果真是这样，那经济早就不是现在这个样子了！"

这时，我挑起争端，大声说道："那可不一定，以那时候的社会现实，不可能有第二条路！"

……

我往往会发表和爸爸针锋相对的观点。有的时候是我自己的想法确实和爸爸的观点对立，而大多数时候，是一种直觉让我产生与爸爸相反的观点。然后自然是一番激烈的争论，我和爸爸都毫不退让，寻找或者编造各种论据来支持自己的观点，语言上无所不用其极。

这时候厨房的门"哗"地开了，妈妈的声音显得柔和许多："你们在争什么呀？"

于是妈妈也加入了我们的争论。不知怎么地，妈妈总是能在我和爸爸的对立之间找到一种我们都能接受的折中方式，这让我和爸爸的观点很快达成一致。

后来，在某个合适的时刻，我也学着爸爸的样子，一拍腿，发表一番高谈阔论，爸爸也马上反向立论给以还击。在那些傍晚，我和爸爸讨论过广岛和长崎的原子弹对日本投降的作用、钓鱼岛势态……

除了发表对于时政和历史的看法外，买房买车投资、家中摆设的细节等都是我们讨论的话题。不是同一代人，想法总有差异。我和爸爸激烈的争论自然难免，但这种争论从来都以两边的退让而非单方面的妥协结束，也从未影响我和爸爸的感情。

这种"争"或许给人一种"没大没小"的感觉。是谁说的"家长要和孩子做朋友"来着？我认为敢于"没大没小"地争辩才是与父母做真朋友的表现。

我们可以看到，爸爸蹲下身来做孩子的朋友，愿意和孩子进行有益的争论，不仅锻炼了孩子的思维和口才，还增进了父子的情感。而妈妈则可以扮演争论中的调和者的角色，能够在合适的时机打断争论、控制好场面。这样的家庭环境能够促使孩子拥有独立的思想，又不致让争论发展为争吵。而从另一个角度看，父子之间的这种争论，本身就蕴含着父亲对孩子思维方式与价值观的引导。

我在与许多孩子的交流中发现，在孩子们的心中，都有一个偶像，那就是自己的父亲。我曾看过我校高一（1）班顾晓文同学的一篇周记：

其实我一直都想找个机会来写写父亲，家庭教育太抽象，只是觉得有很多东西在不知不觉中已经随着血液循环，或许是这些年来父亲给予的影响吧。

小学时，有个老师经常给我们读《哈佛女孩刘亦婷》，教导我们从小一定要成绩优异。可是我却记得父亲说过，华罗庚先生在小学时经常考不及格，所以我每次都轻轻松松地去考试，心想连华罗庚爷爷这么伟大的人都考过不及格，我就算考砸了又怎么样。

周末，作业完成后，父亲总会说："我们去玩吧。"父亲时常带我去钓鱼，去放风筝，父亲还会用竹子做玩具。

我和父亲都喜欢看电视，我常和父亲看一些体育比赛。

当我在生活或学习中遇到挫折时，就会想起父亲在看比赛时说的话："人生的比赛数不胜数，输了，那就爬起来，从头再来。"

无论摔得多痛，我都能自己爬起来，抬起头，擦掉眼泪，笑着说一句："从头再来。"

很多年以后想起来，我明白了父亲在我输得很狼狈的时候为什么说："这是好事，因为人必须学会从失败中站起来。"

从父亲身上，我学到了很多。父亲一直希望我成为一个善良、豁达、坚强的人，无论我的成绩是否优异，名次是否靠前也并不重要，重要的是我拥有良好习惯和良好性格，重要的是我尽了自己最大的努力、学得很快乐。

这些年，或许这辈子，我都无法与父亲并肩而行，但我愿意以我的方式仰望他一辈子。

我在调阅高一年级学生周记时，又曾看到刘云菁同学的周记《我的父亲是一株紫罗兰》，周记中这样写道：

父亲是个中学老师，年年担任初三班主任、带两个班，他很忙，真的很忙。小时候的记忆中，他总是很早就离开了家门，天黑回家。他来也匆匆，去也匆匆，一个电话接着一个电话地打给学生家长。他总是那般忙碌，的确，人一旦拿起了粉笔，便注定要为"教师"这个神圣的词奉献一生。小学时，每次放学回家做作业的时候，我总爱刻意留心那匆匆的步伐，那便是父亲的脚步。然后我就会"腾"地跃起，冲出去迎接父亲。每当看见父亲的笑容，我的心里就如蜜般甜。我亦会告诉他我得了几个一百，受到了多少表扬，他也总是朝我点头，并鼓励我下一次争取更大的进步。那段光阴恍若琉璃，我必用真心将其揣在心里，那必将成为我一辈子最为珍贵的回忆。

到了初中，我离了家。我不能习惯长久离开父亲的滋味，心里总是那般不舒服，一根长长的电话线串起了我与父亲的联系。每次的三分钟、五分钟，也是我生活中最为温暖的几分钟。每当我说到开心处，父亲总会与我一块儿欢笑；每当说到失意处，他又会安慰我，为我的心灵送来一缕阳光。后来，我得知，他总是会将我的进步分享给同事听，以及分享给他的学生听，可见，他对我是多么重视。

高中寄宿，但每次回家，我最喜欢与父亲一起吃饭，讲讲发生的事情，讲讲思考的事情，每次的相聚，都给心灵带来了慰藉。

父亲是一株紫罗兰，那株不争名、不争利，给他人余香的紫罗兰。他总是恰到好处地给我的心灵以一剂良药，给我那永久不变的芳香。

我的父亲是一株紫罗兰，一株开在我心间的紫罗兰。

年轻的爸爸们，当你们读完以上文字，是否应该深思：在家庭生活中，你是否经常和孩子们沟通？是否写过"38封信"？是否有类似的"战争"？你在孩子的心中是否是"紫罗兰"？

我曾在《内蒙古教育》上看到艾里香撰写的《梁启超如何教子女成

才》一文，文中这样写道：

一门三院士，这在中国科学史上绝无仅有，即便是放之于世界，也是屈指可数。三院士是谁？梁思成、梁思永、梁思礼。他们的父亲就是鼎鼎大名的梁启超。梁家满门俊秀，自然与梁启超的言传身教息息相关。

梁启超是近代中国著名的政治家、史学家、文学家。他在繁重的公务之余，从不放松对子女的教育。十四个子女，除五位早夭，其余九位全部成才，且每一个都在各自的专业领域内成就非凡。

梁启超九个子女的成才，与家庭环境有莫大关系，父亲的耳提面命是一个重要的因素。他特别注意培养孩子们的感恩心、同情心及礼数。对于帮助过家庭的二叔，他叮嘱孩子们逢年过节必须去信道谢、拜年；外祖父去世，不但叮嘱孩子们来信安慰妈妈，还要给舅舅们去信表达抚慰之意。梁家的儿女们忠孝传家，在家在国，是栋梁之材，又是好丈夫、好妻子，这一切，是梁启超多年言传身教的结果。

对于治学，梁启超看重的不是成功与否，而是治学的态度。在写给思成、思永的信中，他教训道："汝等能升级固善，不能亦不必愤懑，但问果能用功与否。若既竭吾才，则于心无愧；若缘殆荒所致，则是自暴自弃，非吾家佳子弟矣。"梁思成在外求学期间，对所学专业产生疑惑，来信询问，梁启超为其解惑："各人自审其性之所近何如，人人发挥其个性之特长，以靖献于社会，人才经济莫过于此。"梁思成后来说，父亲的治学方法对他和思永的影响特别大。梁思礼也说，父亲伟大的人格、博大坦诚的心胸、趣味主义和乐观精神，对新事物的敏感性和严谨的治学态度都是其取之不尽，用之不竭的精神源泉。

梁启超重视子女教育，但绝非板着面孔说教。相反，在孩子们面前，他是一个亲切有味的父亲，一个童心不泯的老顽童。诸如称谓上，对长女思顺,梁启超常亲切地称其为"娴儿""宝贝思顺""顺儿"等;对小儿子思礼,往往以"老白鼻"相称,老白鼻者,老 Baby 也;对思懿,则干脆取外号为"司马懿";至于思宁,却又以行名,呼为六六。后来,思顺、思成、思永、思忠、思庄同在国外,梁启超写信时,又写作"一大群大大小小孩子们""大孩子、小孩子们"。形式各异的称呼中,映衬出的是父亲的慈爱与亲切,慈父形象跃然纸上。

2011 年我实名推荐给北京大学的学生叫陈奇彤,他曾写过这样一篇文章——《父亲于我教育上的影响》:

父亲本身是一个最普通不过的人,"Be myself"(做自己),这句话是父亲不曾言说但一直践行的准则。他给予我自由、宽阔的发展空间,让我从小独立、自主地学习。他对我唯一的要求,是"认真过好每一天,做好要做的每一件事";他希望我成为一个"有能力帮助别人的人";他总结"三心"让我铭记一生:良心、信心、开心。

他没有高学历和大学问,对待我学业的态度是"自由放任"。但偶尔有难题与他分享,他都会比我还痴迷、还投入。有一天清早,他对我说的第一句话是:"昨天那道题我在梦里解出来了!"这般痴劲潜移默化地影响着我。我知道,他把教育子女看作人生的一桩大事业。

很多父母认为,子女长大了必然与自己疏远、难以沟通,但父亲即便在我不甚耐烦的情况下,依旧要追根究底,"跟踪"我的"思想动态"。他会为我在电话里几句"泄愤"的气话翻来覆去思考一个下午,然后帮助我详细、完备地分析我的困惑、疑难,探讨我的想法与他认为可行的解决方法。这是一种平等的、坦诚的、对事不对人的交流,只为我更好、更健康地成长与发展。

他尊重并支持我广泛的兴趣,可当我逐个放弃了心血来潮要学的素描、书法、乒乓后，他说了一句话："无论如何，总要有一样东西钻研下去。"于是，竹笛的学习我坚持了多年，其间不乏枯燥的基本功练习、一再遭遇的瓶颈。他一直在我身边，给予我指导与鼓励。我感谢这种"陪伴教育"。

从小，他教会我的不过是人尽皆知的道理。可他的认真劲儿不容许我停留在"知"的阶段，要"做"，并成为"习惯"。他的一大品质是耐心，他强调做任何事的"极致"与"效率"，要么抛却杂念专注功课，要么干脆玩个痛快，他最忌恨边玩边学，两样都不尽兴。他也以自身的榜样教我凡事做计划、写总结。于是我小学便养成了如下习惯：放学后立即完成作业，继而练习半小时竹笛、临一帖硬笔书法，睡觉前阅读。这些品格与习惯，在小时候便扎根，显得自然而然、水到渠成，因而至今我未曾感觉学业的辛苦与疲累。

随着年岁渐长，他开始开阔我的视野，鼓励我关注社会与时政等；与我一起逛博物馆、听音乐会，在我充满文学作品的书架里增加科普类、传记类、哲学类等书籍……

正如他那句"我希望你长大后有能力帮助别人，不是自顾不暇，或者仅贪私利"，他交给我担负的这份社会责任，是对我的信任、鼓舞和激励。

总而言之，父亲十几年来，花去无数时间、心力，真正将教育子女的工作，作为生命一桩大事业，精细、辛勤、动脑筋地耕耘。我永远感激他。

读完上述文字，你对"子女的成长，父亲的耳提面命"是否有了深刻的印象？年轻的父亲，这样做，你的孩子一定会天天进步。

在《动物世界》中，我曾看到这样一个情景：在寒冷的南极大陆，冰天雪地中，帝企鹅妈妈一生下企鹅蛋，就会把孵化企鹅蛋的任务交给帝企鹅爸爸。妈妈则摇摇摆摆，下海觅食去了。帝企鹅爸爸用腹部的绒毛保护着企鹅蛋，在严寒中与之拥在一起。任凭风吹雪打，帝企鹅爸爸要抵御寒冷，更要精心呵护怀中的企鹅蛋。为了孵化自己的孩子，帝企鹅爸爸几个月不吃不喝，消耗着自己体内的能量。看到这种情景，真为生命的伟大而感动！

但教育孩子绝非像帝企鹅爸爸保护企鹅蛋这么简单了。几天前，我看到一封《美国孩子写给父母的信》，这封信很短，但很快就吸引了我。

我的手很小，无论做什么事，请不要要求我十全十美；我的腿很短，请慢些走，以便我能跟得上您。

我的童年是短暂的，请给我讲一点世界上的奇闻，不要只是把我当成取乐的玩具。

我的感情是脆弱的，请对我的反应敏感些，不要整天责骂不休，对待我应该像对待您自己一样。

我需要您的不断鼓励。不要经常严厉地批评和威吓我，您可以批评我做错的事情，但不要责骂我本人。

请给我一些自由，让我自己决定一些事情，允许我不成功，以便我从中吸取教训。总有一天，我会自己决定自己的生活道路。

请让我和您一起娱乐。小孩需要从父母那里得到愉快，正像父母要从孩子那里得到欢乐一样。

我想这样提醒，这样以爱的名义损伤了孩子的心灵，妨碍了孩子成长的爸爸并不少。所以，我建议多听听孩子内心的声音，多一些沟通，改变教育方式，孩子会成长得更好。

这封信是孩子写给父母的，年轻的爸爸们应该多读几遍，并且经常倾听孩子的声音。

第六章 我们相信:有一种事业叫父亲

孩子成长,父亲的教育不可缺失

在我四十多年的教育经历中,我也痛心地看到,一些父亲在孩子的教育上做得很失败,更让孩子的成长受到了极大的影响,代价太大了。

没有人会反对这样的观点:"父亲是家庭教育中不可或缺的部分。父亲角色在孩子的成长过程中的影响是很重要的。"英国一位父亲角色研究专家、心理学教授 Charlie Lewis 说:"爸爸们将扩展安全程度看作他们的特权,他们特有的语言、游戏方式等行为,鼓励孩子们在安逸范围之外继续探索世界……"然而,随着经济社会高速发展,生活节奏加快,加上中国传统社会观念的影响,目前很多家庭中,孩子的教育基本由母亲负责,幼儿园几乎是清一色的女教师,小学、初中,甚至高中教师的女性占比也越来越高,家庭、学校教育中过度的女性化教育致使阳刚教育趋少,直接影响着孩子们健全人格的塑造。

《中国青年报》曾刊登对中国青少年研究中心副主任孙云晓的专访《中国的父教缺失是我们民族很大的忧患》,一度在读者中引起巨大反响。《中国青年报》社调中心通过网络跟进了一项调查。

什么原因导致了父教缺失?调查显示,"生活压力大,男性忙于赚钱养家"排在第一位,69.2%的人选择此项;其次是"男性的职业压力更大，无暇他顾"（50.9%）；40.1% 的人认为是观念问题；31.8% 的人认为是整个社会不重视男性教育。（可多选）

对于问题"在你的成长过程中，谁承担了更多教育责任？"调查中，46.9% 的人选择了"母亲"，28.7% 的人表示"父母均担"，11.4% 的人选择"其他"，仅有 13.0% 的人表示是"父亲"。

父亲应该怎样教育孩子？排在首位的是"以身作则，言行处处做表率"，79.5% 的人选择此项。接下来还包括：多跟孩子聊天，跟孩子做朋友；多跟孩子相处，和孩子一起玩；带孩子去运动锻炼；指导教育孩子的礼仪、道德；干预孩子的不良行为和思想；带孩子去旅游；督促、辅导孩子的学习。

我们再一起来阅读《世界知识画报》上张娟撰写的一篇文章《父爱如山，山何在？》。

时代发展，社会分工愈发明细，但在家庭中的分工越来越简单，"女主内男主外"将很多中国家庭中父母的职责做了概括。父亲负责挣钱，母亲负责管家，孩子教育问题就成了妈妈肩头的担子，很多父亲便在教育中默默缺席了。严父慈母也慢慢演化成慈父严母。虽然严厉和慈爱都在，但现实中角色的转换却颠覆了传统的家庭教育。在中国，有大量的家庭，其成员需要外出打工，不仅是父亲不在身边，很多孩子更是直接交由老人代养，教育成为孩子成长的最大问题。如今，父亲在教育中的缺位，使孩子们得不到来自男性的成长教诲。

我们所处的时代是相对和平的，没有战争的枪林弹雨，当父亲们都没有经历血雨腥风的考验和洗礼时，有些父亲就会将暴力和勇敢混淆，缺乏对生命的尊重；也有些父亲本身就缺乏勇敢精神，懦弱地生存在社会上，怎能告诉孩子应该具有的气节。榜样存在孩子们的眼中，你是怎样的人，就潜移默化地影响着孩子。

"我多希望爸爸周末能陪我一起出去玩啊！"类似这样的心声频频出现在未成年孩子的话语中。据美国耶鲁大学分析，父亲在家庭中主要呈现几种类型，其中消极沉默型父亲应该是比较普遍的类型，此外还有苛求成就型、定时炸弹型、缺席型、良师益友型。消极沉默型父亲存在孩子的生活中，却很少参与孩子的教育和培养，因为他们很忙、很累，外面有太多的应酬。当孩子降生到这个世界的时候，父亲会给予孩子需要的物质支持，间或一些肢体上的爱抚，但当孩子大一点的时候，亲子沟通却遇到了障碍。不是所有的家庭都有这样的问题，但有问题的孩子必然成长在有问题的父母身边。

美国亲子教育研究者罗纳说，父亲对孩子人格特征的形成影响更大，父爱的重要性在男孩和女孩身上几乎没有差别。这种影响首先取决于父亲在家庭中的地位和权利，当孩子感知到父亲拥有更多权利时，也能够对其产生巨大影响。

名为《在父亲的肩膀看风景》的文章这样写道：

当前社会，明显趋向重视母亲对孩子的教育。看看书店陈列的亲子教育图书的书名，《好妈妈胜过好老师》《妈妈课》《好妈妈的12堂课》等不胜枚举。因此，我们不得不呼吁，需要对父亲在教育中的角色给予关注，并提高到与母亲同等重要的程度。

在孩子人格的形成期，父亲不能缺席。无论你有多忙，你所能经历的孩子的成长只有一次。

父亲的爱应该给孩子们带来什么呢？

父亲是孩子的榜样，母亲是孩子心灵的依附。3岁前孩子的安全感来自母亲，3岁后便来自父亲。孩子3岁以后对男性的认知开始形成，坚强、勇敢、无所不能的男性形象通过父亲传递给孩子。父亲在家庭中的形象被有意无意地模仿，成为孩子长大成人后的行为方式。男孩将父亲的性格作为榜样，女孩会把父亲对母亲的态度和方式作为未来自己家庭构建模式的参考。不要小看父亲的存在，他会影响孩子今后的学业、事业以及婚姻家庭。

勇敢的气质来自父亲的影响，这也是这个时代孩子普遍缺乏的，无论是男孩还是女孩。勇气的培养，可以让孩子变得更坚强、更勇敢，学会面对挫折和失败，成为一个敢于担当的人。男孩因为有了勇气，更像男子汉，能认真地面对生活，面对挫折；女孩因为有了勇气，变得更加自信。

中国大多数家庭是独生子女结构，孩子都像生活在"无菌箱"中的宝贝。家长从来都不会让他们接触危险，甚至不会告诉他们更多危险的存在。他们从小就养成了拒绝别人的习惯，接触外界的时候总会充满猜忌而远离新鲜的人和事物。当我们的孩子可以熟练地玩弄任何一件电子产品的时候，却无法自信地走过独木桥。

有研究表明，在孩子成长过程中，父亲的影响在智力、体格、性格、情感上都有体现，有些方面甚至超过母亲。父亲的情绪、爱与关怀，在孩子成长中的作用是独特且重要的。大量调查研究显示，与父亲接触少的孩子在身高、动作协调上的发育速度都会落后，还可能存在焦虑、自尊心不强、自控能力差等情感障碍。

父亲是孩子眼中男性的代表，当父亲不能胜任在家庭教育中的角色的时候，社会又给孩子提供了怎样的环境呢？看看我们的幼儿园和小学，能够接触到的男性教师少之又少。长此下去，孩子成长中必然缺失男性带来的影响。

在言传身教中，孩子的性情融入了父亲的影子，将来有一天，他

（她）长大了，成了谁的时候，父爱就在他（她）的身体里。

孩子期待坐在父亲的肩头，和父亲一起去领略山的高远。给孩子最多的陪伴，给他更多男人的力量，因为父爱如山。

年轻的父母必须充分认识，孩子成长中，父亲角色是母亲永远都无法替代的。心理学家认为：父亲是一种独特的存在，在培养孩子方面有一种特别的能力。失去父爱是人类感情发展的一种缺陷和不平衡，父亲角色的缺失会使男孩的成长缺少正面引导与行为的约束，并有可能带来非常严重的后果，违法犯罪就是其中之一。

让我们先来看看来自自然界的教训。在人们的印象中，大象是一种非常温顺的动物，虽然体形庞大，却极少主动攻击其他动物。但是在南非西北部的国家公园里，管理人员却发现了一个反常的现象：年幼的雄象变得越来越富有攻击性，在没有受到任何挑衅的情况下，他们也会凶狠地攻击附近的白犀牛，把它击倒在地，残忍地用脚踩死。

这种行为让公园的管理人员百思不得其解，因为大象的这种行为极其少见，跟大象温顺的秉性不相符。

最终，公园管理人员找到了答案。原来政府为了维护公园的生态平衡，采取了猎杀成年公象的做法，这就导致了一个结果：几乎所有的小象在小时候都成为孤儿。而成年公象对幼象成长非常重要，因为成年公象会管好这些小象，并为它们与其他动物和平共处提供榜样。在失去这种榜样和影响以后，年幼公象本能的攻击性就毫无节制地释放出来，并在象群中逐渐蔓延滋长。

小象暴乱的行为揭示了这样一个真理：早期监督和纪律管束的缺乏往往带来灾难性的后果，而在这种纪律管束中，父亲的作用是妈妈很难替代的，无论对大象还是对孩子来说，都是如此。

北京青少年法律援助与研究中心主任佟丽华认为，从家庭角色分担上来看，父亲意味着规则与监督、权威与可信赖。没有了父亲的参与，孩子往往缺乏规则教育与必要监督，当遇到难题需要得到帮助时，孩子往往会缺乏一个可以信赖与参照的权威与榜样，这可能正是许多青少年产生"问题"的根源所在。

美国哈佛大学有一个关于单亲家庭的研究：

研究表明，90%以上的问题儿童与父亲教育的缺失有关。而美国父道组织的调查数据则显示，70%的少年犯出自单亲家庭，60%的强奸犯、72%的少年凶杀犯、70%的长期服役犯人来自无父家庭，90%的无家可归和离家出走的孩子来自无父家庭，戒毒中心有75%的青少年来自无父家庭，80%的强奸犯的动机来源于无父家庭转移的愤怒。

一般来说，父亲对孩子认识事物的能力、世界观、价值观会产生显著影响，而母爱则以情感支持和养育为中心。

我曾接待过这样一位父亲，他的爱子不爱学习，行为散漫，被多所学校劝退，后来他找到我，对我说，素闻天一中学校风良好，学风纯正，管理严谨，能否请沈校长收下我的孩子。作为教育工作者，听到这样的话语，心里感到一种沉重。我说可否先让你的孩子和我进行一次交流。坦率地说，那是我最不成功的一次师生交流，也是我与众多学生交流中最不愉快的一次。这个孩子穿着时尚，浑身名牌，戒指闪亮，耳环叮当，在我办公室内，刚坐下，就问我："校长抽烟吗？"他随手从裤袋内拿出一包中华香烟。我惊诧地问："中学生怎么可以抽烟呢？"他说自己烟龄已经很长了。我问烟从哪里来的，他说爸爸给的。我诧异地问："爸爸怎么会给你烟呢？"孩子答："他愧对我啊，他总是忙，没时间过问我的生活、学习，所以给钱给烟。"我问他："是你要来天一中学吗？"他断然说："不是，是爸爸逼我来的。"我问："爸爸为什么要让你来天一中学呢？"孩子说："天一中学是寄宿制学校，我寄宿后，他就更自由啦。"我说："你闲时最喜欢什么？"他说："攻关（游戏）。"我说："你还小啊，应当以学习为主。"他说："我这样很好，有多少学生能享受我这样的日子。"我一时语塞。孩子离开我办公室后，我给他父亲打了电话。我说："你儿子已很难在中学读书了，他和同龄的学生的思维已完全不同，为了众多学生的健康成长，我不会同意你的孩子来天一中学。但我建议你，对孩子的生活习惯要有一种基本要求，对其人生价值观要有正面的引导。同时，我也建议你，要留出时间与孩子交流，要让孩子感受到你的关心和引导。我要提醒你，你的孩子再不严加教育，会出大事。"后来，我听人说，这孩子因抢劫，成为少年犯。他的父亲十分后悔，但悔之晚矣。这位父亲因企业事务繁忙而无暇担起育子之责，虽然这样的说法总有点托词的成分，但不得不承认，这的确也是事实。

父亲，更应该是孩子成长过程中关键点上的重要人物

年轻的读者，我想请你静下心来，认真阅读李开复给即将开始大学生活的女儿的一封长信（节选）：

首先，我想告诉你，我们为你感到特别骄傲。进入哥伦比亚大学，证明你是一个全面发展的优秀学生，你的学业、艺术和社交技能最近都有卓越的表现，无论是你高中微积分第一名，时尚的设计，绘制的球鞋，还是在"模拟联合国"的演说，毫无疑问你已经是一个多才多艺的女孩。你的父母为你感到骄傲，你也应该为自己感到自豪。

大学将是你人生最重要的时光，在大学里你会发现学习的真谛。你以前经常会问"这个课程有什么用"，这是个好问题，但是我希望你理解："教育的真谛就是当你忘记一切所学到的东西之后所剩下的东西。"我的意思是，最重要的不是你学到的具体的知识，而是你学习新事物和解决新问题的能力。这才是大学学习的真正意义——大学将是你从被动学习转向自主学习的阶段，之后你会变成一个很好的自学者。所以，即便你所学的不是生活里所急需的，也要认真看待大学里的每一门功课，就算学习的内容你会忘记，学习的能力将是你受用终身的。

不要被教条所束缚，任何问题都没有唯一的、简单的答案。还记

第六章 我们相信：有一种事业叫父亲

得当我帮助你准备高中的辩论课程时，我总是让你站在你不认可的那一方来辩论吗？我这么做就是希望你能够理解：看待一个问题不应该非黑即白，而是有很多方法和角度。当你意识到这点的时候，你就会成为一个很好的问题解决者。这就是"批判的思维"——你的一生都会需要的最重要的思考方式，这也意味着你还需要包容和支持不同于你的其他观点。我永远记得我去找我的博导提出了一个新论题，他告诉我："我不同意你，但我支持你。"多年后，我认识到这不仅仅是包容，而是一种批判式思考，更是令人折服的领导风格，现在这也变成了我的一部分。我希望这也能成为你的一部分。

在大学里你要追随自己的激情和兴趣，选你感兴趣的课程，不要困扰于别人怎么说或怎么想。史蒂夫·乔布斯曾经说过，在大学里你的热情会创造出很多点，在你随后的生命中你会把这些点串联起来。在乔布斯著名的斯坦福毕业典礼演讲中，他举了一个很好的例子：他在大学里修了看似毫无用处的书法，而十年后，这成了苹果 Macintosh 里漂亮字库的基础，而因为 Macintosh 有这么好的字库，才带来了桌面出版和今天的办公软件（例如微软 Office）。他对书法的探索就是一个点，而苹果 Macintosh 把多个点联结成了一条线。所以不要太担心将来你要做什么样的工作，也不要太急功近利。假如你喜欢日语或韩语，就去学吧，尽管你的爸爸曾说过那没什么用。尽兴地选择你的点吧，要有信念有一天机缘来临时，你会找到自己的人生使命，画出一条美丽的曲线。

最重要的是，在大学里你要交一些朋友，快乐生活。大学的朋友往往是生命中最好的朋友，因为在大学里你和朋友能够近距离交往。另外，在一块儿成长，一起独立，很自然地你们就会紧紧地系在一起，成为密友。你应该挑选一些真诚诚恳的朋友，跟他们亲近，别在乎他们的爱好、成绩、外表甚至性格。你在高中的最后两年已经交到了一些真正的朋友，所以尽可以相信自己的直觉，再交一些新朋友吧。你是一个真诚的人，任何人都会喜欢跟你做朋友的，所以要自信、外向、主动一点，如果你喜欢某人，就告诉她，就算她拒绝了，你也没有损失什么。以最大的善意去对人，不要有成见，要宽容。人无完人，只要他们很真诚，就信任他们，对他们友善。

不管是暑假计划、功课规划，抑或选专业、管理时间，你都应该负责你的人生。过去不管是申请学校、设计课外活动或者选择最初的课程，我都帮助了你不少。以后，我仍然会一直站在你身旁，但是是你自己掌舵的时候了。生命太短暂了，你不能过别人想要你过的生活。掌控自己的生命是很棒的感觉，试试吧，你会爱上它的！

大学是你第一次学会独立的四年。

大学是可塑性最强的四年。

大学是犯错代价最低的四年。

所以，珍惜你的大学时光吧，好好利用你的空闲时间，成为掌握自己命运的独立思考者，发展自己的多元化才能，大胆地去尝试，通过不断地挑战来学习和成长，成为融汇中西的人才。

读完这封信，大家是不是感受到了父亲的分量，感受到了父亲适时的方向性引导？

在孩子成长的一个关键点上，李开复用这样一封长信，不仅深情表达了对女儿的挚爱，还用父亲的理性和人生经验给了孩子许多清醒的提醒（如大学四年是可塑性最强的四年，大学也是犯错代价最低的四年），更用自己的人生感悟，给了孩子许多方向性的指导。我相信，李开复的女儿读完这样一封信，她不仅会感受到父亲的深情、父亲的挚爱，她还有了一种雄鹰即将展翅高飞、骏马驰骋在辽阔草原的感觉，更有了向什么方向前行的清醒。

有一位家长朋友，在孩子高中毕业十五年以后，高兴地打电话给我，讲述他孩子毕业以后努力工作，不断进步，最近担任了一个较高层面的领导工作。和我交流时，父亲的喜悦之情溢于言表。我既为学生的进步感到高兴，又对这位父亲在孩子成长中的引导作为感到钦佩。这位父亲告诉我，在孩子成长的一个个关键点上，他都会和儿子有一次正规的谈话，我记录下了这位父亲在孩子成长的几个关键点上给出的重要建议。

1. 儿子高中录取后，父亲与儿子有了一次正式谈话，父亲提出这样的建议：进入高中意味着已是成人，你可以更独立地把握自己的选择，但希望你孕育自己的梦想。

2. 大学毕业，儿子参加工作。上岗之前，父亲与儿子又一次认真谈话，给了他三条建议：睁大眼睛观察身边努力工作的人；竖起耳朵聆听智慧的工作方法；回到家里反省一天的工作。

3. 儿子结婚，举行婚礼前，父亲又一次找儿子谈话，赠送给儿子三句话。

右肩有担当：上不愧祖宗，下不负后代。

左肩是道义：朋友有困难时尽量帮助，但不能违背原则。

心中装着家：既有小家，更有大家，还要有国家。

父亲的存在，不仅意味着养育的责任，更是孩子走向远方的一座航标。

教育家苏霍姆林斯基近五十岁时给读大学的儿子写过不少信，其中22封信汇编成《给儿子的信》。原张家港高级中学校长高万祥在阅读以后曾写过《父亲该告诉儿子些什么？》，文中这样写道：

全书由作者近五十岁时写给读大学儿子的22封信组成。信中谈劳动、理想、人生和志向，讲真理、情操、自律和自由，论爱国、爱情、友谊、审美、自尊、学习和育人，范围虽然宽泛，主题却集中鲜明——如何做人，如何做一个充满爱心的幸福而高尚的劳动者。父爱、大爱、圣爱，是本书闪耀着的一束永恒的普世之光。

爱劳动：面包是神圣的

"面包是神圣的"，"我们的语言中有成千上万个词汇，但是应当放在第一位的，我认为是3个词：粮食、劳动、人民"。尊重和热爱劳动，做一个能为社会创造财富，为自己、为他人创造幸福的人，是苏霍姆林斯基家教思想的核心。

在第五、第六封信谈"志向"时，他告诫儿子，人的志向和人生的幸福，必须通过劳动才能实现。"只有通过劳动，人的志向才能跨上智慧的、创造的、科学的大道。""天堂和人世只有一点不同，那就是在天堂每个人都为自己的志向工作。""什么是生活的最大乐趣？我认为，这种乐趣寓于与艺术相近的创造性劳动之中，寓于高超的技艺之中。如果一个人热爱自己从事的劳动，他一定会竭尽全力使其劳动过程和劳动成果充满美好的东西。"在先生看来，做一个真正的人，首先是做一个诚实的人。什么是诚实，或者说，诚实的人的核心品德是什么？我在这本书里找到了满意的答案——热爱劳动，用劳动为自己、为社会创造财富和幸福。"真正的人来自用汗水浇灌过的土地，来自曾战胜了极大困难并拥有胜利自豪感的地方。劳动，只有艰苦的劳动，才能使自己成为一个真正的人。"

爱他人：心灵空虚的人不会有真正的朋友

在《给儿子的信》一书中，谈论爱情和友情的内容占了相当的篇幅。难能可贵的是，先生能站在人性的高度谈友情，站在精神的高度谈爱情。

先生的友谊之道闪耀着人性的光辉。"友谊是培养人的感情的学校。我们所以需要友谊，并不是想用它打发时间，而是要在人身上，首先在自己身上培养美德。""要使每个人从少年和青年早期起就对人的高尚精神深怀赞美，产生敬爱之心。""心灵空虚的人不会有真正的朋友，他体会不到友谊中的人性。"

"爱情的道德纯洁性，是人类灵魂的一面镜子。""没有友谊的爱情是浅薄的。""爱情是生活中的诗歌和太阳"（引用别林斯基语），"没有共同理想和追求的爱情是可怕和不幸的。""只有当感情和思想融合成人对人的道德责任感，爱情才会是高尚的。""爱情首先意味着对你的爱侣的命运、前途承担责任。""真正的爱情，要求终生承担巨大的、神圣的义务。""人们一旦结婚，就不仅承担了法律的和物质的责任，而且承担了精神责任。"

爱美好：人是最高尚的美的化身

苏霍姆林斯基的审美观建立在生活和人性的基础之上，同时也给人智慧的启迪。其核心的思想是："美，这是人性的深刻体现""人是最高尚的美的化身"。

首先是对美好情操的推崇。"什么是真正的人？有情操美感的人才是真正的人。"他谆谆告诫儿子，要"培养情操美感，培养细微的、美好的感情，培养热情的对人体贴入微的心肠"；五年大学能培养一个工程师（儿子学的是无线电物理专业），但学会做人需要一辈子。

他认为，人最危险的品性是冷漠无情，是残忍恶劣，这是善良的对立面和人性的大敌。"对一个人来说最可怕的是变成一个睁着眼睛睡觉的人，他有眼睛能看，却什么也没看见，就是看见了，也不去想他所看到的东西。善与恶在他看来都无所谓。面对邪恶和虚伪无动于衷，这是最可怕的，它比死亡，比任何最可怕的危险都更为可怕。"

其次是对美好情感的培养。"自己要做自己的主人。要珍惜自己的尊严——这是人的真正的、美的源泉。""细腻的感情，只有在集体中，只有在同你周围的人们不断的精神交流中才能培养起来。""要在友谊中培养自己的情感。""没有比在充满智力和美感的亲密友谊中能更好地'磨砺'和锤炼感情了。"要在和自然的接触交流中培养美好情感。"要培养对一切生活和美好的事物的怜悯心。你将来也会有孩子，要记住，他们的道德和对人们的态度往往取决于他们小时候对飞鸟、花草、树木的态度。"先生在帕夫雷什中学组织和倡导的"蓝天下的学校"，其很大程度上也是希望孩子们在和自然的接触交往中培养美好情操。

明白了这一点，我们就会知道孔子为什么要他的学生"多识草木鸟兽之名"，甚至要说"不学诗，无以言"了；我们也就不难理解，当代德国的青少年品德教育为什么要以亲近自然和动物的活动为主了。

我常说，最重要的素质教育潜行于家庭生活中，在孩子们的人生阅历中，父母绝对是孩子们的第一任教师和终生教师。在家庭生活中，孩子们直接感受和吸收着父母的价值观、生活习惯和道德情操，可以这样说，父母绝对是孩子们最直接的学习者，因而重视在生活中潜移默化地对孩子们进行良好的教育，绝对是极为重要的。

江苏锦绣铝业集团董事长戴祖军先生是我的同乡，也是我多年的老朋友。我钦佩他事业发达，更羡慕他拥有极为幸福的家庭。他也常说，他最大的财富并不是他的工厂和资产，而是他的孩子们。他育有两个女儿、一个儿子。他们成家后，三对小夫妻除大女婿外，其余五人均毕业于天一中学，六人均接受了良好的高等教育。

我曾很多次和他一起探讨家庭教育问题，他一直坚持这样的观点：

"父母的过度保护,肯定培养不出有能力的孩子,孩子早期过于富裕的生活不利于孩子的健康成长,在家庭教育中,最基础的教育应该是潜移默化地帮助孩子们懂得什么是幸福和如何去追求幸福。"在这样的教育理念指导下,他把自己的三个孩子从初一起就送到了寄宿制的天一中学,那个时候的天一中学,学校的食堂、宿舍等条件还较差,孩子回家常常埋怨。别人也看不懂,常问:"戴老板,你怎么舍得让孩子去吃这样的苦,你为什么不把孩子送到条件更好的私立学校去呢?"戴祖军先生常常这样回答:"孩子从小吃点苦有好处的。"当他的三个孩子都顺利地完成高中学业,都以优异的成绩升入高等院校以后,戴祖军先生对我说:"天一中学良好的学习氛围深刻影响了孩子们的成长。是天一中学的寄宿生活奠定了孩子们良好的生活习惯,培养了他们独立生活以及与同伴友好相处的能力,重点中学的教育文化更奠定了孩子们的良好性格和终身学习的意识。"

今天的戴祖军先生在事业和孩子的培养上可谓成功者了,但他仍以父亲的言行影响着孩子的进步,已逾花甲之年的他,仍然十分注重终身学习。上海、北京的高校培训,许多企业家专题论坛,戴祖军先生都以一个学习者的形象出现,认真听、认真记,回家后吸收、运用。这么多年来,他的事业始终不断进步与发展,这与他注重学习、拓宽视野是分不开的。我与他的孩子们交流,也十分清楚地看到了他的形象、他的言行对孩子们言行、成长的深刻影响。

有一次走进戴家,戴祖军先生领我看了戴家老宅中木刻的戴家家训,这里与大家分享。

戴氏家训

一、首尽孝道:孝之大端,曰立德、曰承家、曰保身、曰养志。其间贫富不齐、财力各异,要当随分随力,尽所当尽。

二、次敦友爱:杳杳人寰,同胞几个。田产易得,骨肉无多。此而不免差池，安望更有真心。交处朋友，宜相亲爱，切戒嚣凌。

三、次训子弟：人生善恶，基在童蒙。迪以诗书，养其廉耻，成于遵循，败于放肆。倘姑息容纵，爱之实则害之。

四、次睦乡党：械斗之事，乡曲常多。端由见理不明，遂为血气所使。须知爱人者人恒爱之，敬人者人恒敬之，自然之理也。

五、次务勤俭：人生不可游手好闲，无论士农工商，各执一艺。

六、次正术业：一切不正之业，赌博之事，当视为鸩毒，尤不可好。

七、次饬品行：毋学狡诈，毋为邪僻，存其本心，行以礼义。

八、次养性情：毗刚毗柔，禀赋各别。要当资广识见，勿使囿于一偏。

九、次戒淫行：各善书，谆谆告诫，自宜遵行。万恶之首，言之懔懔。

十、次去贪欲：富贵贫贱，本乎天命，人能勤俭积德，穷不终穷。

所谓家风，既有日常的话语，又有代代相传的文化之道。总之，家训就是承载家风的更系统的家庭教育课程。

在无锡，还有一个闻名中外的荣氏大家族，其历经数代仍事业兴旺。

在荣氏老宅，有这样一副对联，其实就是荣家家训。"发上等愿，结中等缘，享下等福；就高处立，择平处坐，向宽处行。"荣家一代又一代用自己的言行引领孩子养成勤劳俭朴的习惯，让他们学会用勤劳和努力去战胜后来创业中难以想象的种种困难和艰辛。这就是荣家对子女最深情的馈赠，也是荣家所以兴旺的原因之一。

有什么样的家风，就会有什么样的后代。家风在哪儿？很多家庭可能尚没有形成戴家、荣家这样世代相传的家风，但家风就在日常生活中，就在父母的话语中，在父母对孩子成长节点的谆谆教诲中。我的同事、天一中学副校长杨政雷先生的女儿出嫁，我应邀出席，婚礼仪式上，杨政雷把女儿的手托付给女婿时，对女婿说了这样一段话：

一个成功的男人必须具备"五个心",当一个"五心"级的成功男士。

1. 工作上要有事业心。任何单位都希望自己的员工能认真踏实地工作。没有艰辛努力,没有敬业勤业,事业也不可能成功。

2. 对家庭要有责任心。自从踏上红地毯那一刻起,为人夫,为人父,你就挑起了这份责任,直至永远。

3. 对老人要有孝心。百善孝为先,敬老是中华民族的传统美德,当然也是一名成功男士的必备条件。

4. 对社会要有爱心。乐善好施、扶贫帮困是社会倡导的时代新风。它既体现了人类高尚的品质、美好的情感和道德情操,又是社会文明和进步的标志。作为一名成功男士理应起带头模范作用。

5. 对帮助过自己的人要有感恩之心。一个人事业取得成功,少不了有高人指点和贵人相助,要知恩,感恩,必要时要报恩。

我相信,子女们在即将成家立业的关键点上,在父辈这种发自内心、充满深情,又予以无限寄托的语言中,他们一定会加深对人生价值的理解。

我想对年轻的爸爸们这样说,父亲对事业的挚爱、终身学习的意识与实际行动、对价值的坚守、对生活的理解等,会对孩子们的事业观、人生观的形成产生深刻和深远的影响。父辈的思维方式、价值观也一定会影响孩子们的价值观、思维方式。

父亲的引导，要避免陷入"责任误区"

有这样几种类型的父亲，他们的孩子往往容易在行为上表现出较大的偏差：

第一类是忙碌的父亲。他们或忙碌于商务应酬，或忙碌于政界要务，他们事业成功，但他们很少有时间与孩子相伴，没有时间关注孩子成长的过程，更没有时间在孩子们生活过程中、成长过程中进行即时、即事的细微指导。他们很少愿意耐心倾听孩子成长过程中遇到的各种烦恼和梦想，更缺少两代人之间平等、敞开心扉的交流。他们总会以一种管理者或成功者的强势，声色俱厉、单向地对孩子提出这样那样的要求。他们对孩子的教育，演化成了一种行政式的工作布置。

我一定要对这类父亲提出我的建议：孩子的培养也是你事业的重要部分；放下你的忙碌，挤出一点时间，多一点"教育的陪伴"，多一点潜移默化的引导，多一点平等的交流；你一定会感受到孩子进步的喜悦。

我还想请这类父亲读一读一位小学生写的日记：

我不幸福的主要原因：培优的各种辅导班占据了我大量玩的时间，每天玩的时间不足两小时，即便不培优，也不知道要玩什么，因为爸妈没有时间陪我。更郁闷的是，爸爸基本不陪我玩，只是给我钱和玩具，从不带我上公园……

这类父亲，我还想让你听听无锡凤翔实验学校校长许昌良先生在家长会议上的一段话：

父亲如果简单地说很忙，其实是对家庭教育责任的逃避。一个人忙的时候，思维、反应功能都处于最弱势的状态，所以一个人很忙的时候做的事很粗糙。音乐人李宗盛有首歌叫《忙与盲》，唱的就是中国人真实的写照。你忙了还能有时间跟孩子交流吗？你还能变得柔软吗？你还能把心打开吗？中国古籍《中庸》里面有一句话："知止而后能静，静而后能安，安而后能虑，虑而后得。"

所以我主张父亲们应努力回归平静。孩子重要的教育期不能错过。把更多的时间留给孩子，孩子有烦恼的时候有父亲倾听，孩子有痛苦的时候有父亲帮助。

我还想请这类父亲再认真阅读曾任中国青少年研究中心副主任的孙云晓先生的一些观点：

一谈到教育孩子，许多父亲都说自己工作太忙，没有时间。其实，这是一句谎言。

如果给你一个一天挣几千元或几万元的机会，或者一个特别好的朋友约你喝酒，你会因为忙而拒绝吗？不会吧，因为你可能会觉得很重要、很值得。

父亲们放弃教育孩子的责任至少有三个原因。首先是今天的社会竞争激烈，如果不多一些投入，可能难以立足，更难以承担养家糊口的责任，也谈不上维护男人自身的尊严。其次，教育孩子既费时间又费心，相比母亲的爱心和耐心，父亲往往自愧不如。再次，教育孩子需要改变许多旧观念，需要学习很多知识和技能，父亲常常望而却步。其中，最根本的原因是父亲对自身的特殊责任和巨大潜能认识不清。

哈佛大学的研究发现，人生下来有两个发展方向：一是亲密性，二是独立性。母亲对于培养孩子的亲密性具有天然优势和特殊职责，父亲对于培养孩子的独立性具有天然优势和特殊职责。

那么，忙碌的父亲如何成为一个好父亲呢？作为一个有40余年教育经历的研究者，我试着给出如下五条建议。

第一，多给妻子一些关爱和支持。在家庭关系中，夫妻关系第一，亲子关系第二。夫妻关系是家庭的根基，亲子关系是家庭的枝叶。没有好的夫妻关系，不可能有完善的亲子关系。

第二，给孩子做好榜样。孩子是看着父亲的背影长大的。从父亲身上，孩子观察什么是男人、什么是丈夫、什么是父亲，同时会思考什么是独立和勇敢。可以说，父亲是孩子的独立宣言，是孩子勇敢的教科书，是孩子走向世界的引路人。

第三，陪孩子运动。哈佛的研究发现，婴儿从5个月起，就感受到爸爸妈妈的爱不一样。当爸爸抱他的时候，他已经开始惊奇于爸爸的力量，因为爸爸把他举得很高，让他四肢伸展。所以，父亲是孩子最好的教练。

第四，带孩子体验职业生活。研究者建议，家庭教育的责任分工中，婴幼儿阶段以母亲为主，小学阶段父母的责任各半，中学阶段以父亲为主。中学时代是职业生涯教育的关键期，父亲的优势可能大于母亲，自然应该多为孩子创造拓展性的体验机会，激发孩子的职业梦想，帮助孩子选择适合自身的人生道路。

第五，即使走遍天涯海角，都要把孩子记在心里。工作忙碌的父亲往往加班多、出差多，这固然会减少与孩子在一起的时间。但是，如果你心里有孩子，就可以把父爱带到天涯海角。

第二类是"奶爸式"的父亲。他们深爱自己的孩子，因而变得比女性还要细腻与感性，缺少了男性的伟岸与深沉；他们不再指引孩子前行的方向，而专注于孩子生活的细节；他们嘘寒问暖胜于妈妈，甚至当妈妈对孩子教育时，他会"挺身"而出，偏袒孩子，这种"奶爸式"的"保护"与"溺爱"往往会滋长孩子的"任性"。

作为寄宿制重点高中，天一中学有几千个孩子 24 小时生活、学习在学校，老师们与孩子们朝夕相处。长期的校园生活中，我们目睹了许多妈妈在培养孩子中的无限付出，我们更听到了许多令人难以忘怀、给人启迪的教育故事。通过与大量孩子的访谈，我发现有一个较为普遍的现象：好多妈妈既是家庭教育中的"教务主任"（安排学习、补课、检查作业、审核考试名次等），又是家庭教育中的"学生处主任"（制订了好多不能、不准、不许等规定，时时注视着孩子的言行、交往等）。这使妈妈的形象发生了改变，应引起相应的警觉。

我更要提醒的是，有一些爸爸在家中扮演的是绝对的"鸽派"，对孩子的要求百依百顺，对孩子的言行没有任何要求，常让妈妈独立承担"问题批评者"的责任，甚至当妈妈在实施"批评教育"时，爸爸有意无意充当了孩子的"保护神""避风港"。久而久之，爸爸常陷妈妈于"不义"之中，妈妈与孩子之间就渐渐有了隔阂……

我一定这样提醒，在孩子的眼中，父亲就是心中的大山。在生活中，父亲就是家庭中的顶梁柱。在孩子成长的每一个关键时刻，父亲应该是灯塔、舵手。每一位父亲当以一种伟岸、深沉、理性的形象出现在孩子的面前。

我想请你阅读《中国教育报》记者郭铭与《父亲教育，决定孩子的一生》的作者的一段对话：

记者：传统教育观念强调"严父慈母"，甚至讲"棍棒底下出孝子"，在当前的时代环境下，您认为父亲应承担怎样的角色？

东子：传统教育的精华到任何时候都不应摒弃，应把它融入我们今天先进的教育理念里。"严父慈母""棍棒底下出孝子"显然已经不适应今日的教育发展。首先在家庭和社会角色上，男女社会地位出现了很大变化，"女主内，男主外"的格局已经被打破，"严"的不一定是父，而"慈"的也不一定是母。父母都有"严"和"慈"的成分。

我是反对棍棒教育的，不仅仅因为我深切地感受过那种皮肉之痛和内心的孤独感。更重要的是，我能明白经常打骂会对孩子带来怎样的不良后果。可是，我还想说：从未受过惩戒的孩子更不幸。第一，对于那些从小被长辈娇惯的孩子来说，惩戒是一种磨砺心理承受能力和抗挫折能力的方法。第二，教育离不开惩戒，没有惩戒的教育是不完整的教育，这是我一向坚持的观点。当说服教育显得虚弱无力的时候，惩戒教育会起到强大的警示作用。当然，这不等于鼓动大家打孩子，这里需要强调一个度，而且要把握几个前提，也就是说，在什么情况下不得不动手。我认为，惩戒孩子的前提是：第一，同样的错误犯了两次以上，纠正过，批评过，孩子也保证过，但事后孩子仍不重视；第二，主观故意犯错，这就更不能姑息迁就了。

第三类是缺位的父亲。他们总认为教育孩子是妈妈的事情，所以他们对孩子的生活、成长不闻不问或少问。他们没有深刻地认识到，父亲就是孩子前行的方向。所以，他们常常不拘小节，随性、随意，甚至恣意妄为。这样的父亲，往往会为孩子树立畸形的榜样。

对这类缺位的父亲，我想大声对你说，你既已成父亲，就应该承担父亲的责任。你更应该认识，父亲的习惯、性格和行为会有极大的"遗传"。

接下来让我们认真阅读陈建翔先生撰写的文章：

父性教育与母性教育加在一起，才是完整的家庭教育，这是培育儿童完整人性的基础。可惜，我们许多家庭，实在太缺少父性教育。所以，我们许多家庭教育，都是母性教育在支撑着。这就是许许多多的家庭教育不成功，孩子发展不健全，家庭生活不幸福的一个重要原因。

当下中国现实的问题是父性教育严重缺失，而过于实在、容易焦虑的妈妈们则不断加大家庭教育的"力度"，造成母性教育过多、过强，父性教育过少、过弱。本来就不平衡的局面，现在变得更加偏斜。

由于母亲的天性，难免对孩子过度保护，也难免限制过多。许多非常有益的活动被禁止，小小的"恶作剧"也总被呵斥。他们不能爬树、不能扔石头、不能玩沙、不能和泥巴、不能踢球、不能追逐打闹——他们在母亲的视野下有太多的"不行！"。这对孩子（尤其是男孩子）的身体发育、动作协调、性情培养和想象力的发展，都是极为不利的。

父亲则粗犷、豪放得多！他们鼓励与宽容孩子冒险、探索甚至"恶作剧"，玩一些动作幅度大、看起来不那么安全的游戏。更重要的是，当孩子在玩的时候，母亲一般扮演旁观者和监督者的角色，而父亲则经常参与孩子的游戏，与孩子一起玩。这对孩子的影响是大不一样的。其中的差别，主要在于互动性。现代教育科学认为，没有参与就没有互动，没有互动就没有情感的交流和教育能量的渗透。

由于父亲们粗犷、豪放的天性，与父亲生活时间长、受影响多的孩子，容易继承父性的基因品质：大度、开朗、喜动、自尊心强、喜欢交往，更社会化，甚至更幽默诙谐。所以，我们发现，经常有父亲陪着玩的孩子，心胸比较开朗，组织能力较强，生活态度也比较积极。

因此，父性教育对于孩子的独特性，在于它对孩子的非智力因素、对孩子的人格影响更大。这种影响随着孩子年龄的增长而愈发显得重要。

中国的孩子成长得比较憋屈，许多孩子胸无大志、不成大器、没有主心骨，许多男孩有"女性化"倾向、女孩子更有"柔弱化"倾向。

这都源于父性教育的缺失,源于家庭教育空间狭小、气度不够。

美国哈佛大学有一个对单亲家庭的研究,表明90%以上的儿童问题与父性教育的缺失有关。这些问题,不仅会深刻影响孩子学习、交往等成长的各个方面,而且会随着孩子年龄增大而日显严重。

当孩子既享有母性教育,又享有父性教育时,他就融合了无限与有形、尊严与慈爱,同时兼备了广博的空间形式和实在的具体内容,就拥有了完整的人性。他既可以脚踏实地,又可以展翅高飞!

我想对所有年轻的父亲这样说,倘若你想成为一个好父亲,我的建议是,观念转变是先导,态度是第一位的。在孩子的成长中,父亲就应该有强烈的责任意识。一位父亲必须具备两个最基本的品质。一是爱,要让孩子感受父亲的呵护、保护,要让孩子感受父爱无处不在,父亲的信任、支持无时不在。二是引导与教育。一个好父亲应该是严慈相济的,即自由和规则都不可偏废。父亲的大度表现在对孩子的尊重、宽容和理解上。父亲的威严在于规则的建设与维护。家庭成员的人格是平等的,人人可以自由讨论,也可以争论,但行为一定是有规矩的。"身体好""性格好""习惯好",这些应该是父亲对孩子的基本要求。

在实践层面,著名主持人崔永元的六大育女原则得到了广大网友的追捧。我们一起来看:

1. 教育女儿身教比言教更重要。
2. 对女儿永远只有最低要求。
3. 家长和孩子相互体谅最重要。
4. 工作再忙,双休日一定抽一天时间陪女儿。
5. 让孩子学好一种本领,但首先要让她喜欢。
6. 孩子也有他们自己的兴奋点。

🍃 本章关键词

父亲就是一盏灯　避免责任误区

🍃 本章重点讨论题

1. 在孩子的成长中，父亲的影响和母亲的影响有什么不同？

2. 在家庭生活中，父亲应该如何成为孩子前行的灯？

3. 在家庭生活中，父亲应避免哪些言行误区？

第七章 给年轻父母的八条教育忠告

如果要我回答良好的家庭教育是什么,我一定这样说,良好的家庭教育有两个基本内涵,其一,懂孩子,用心去读懂儿童的本义,同时要认识孩子成长的规律,在不同学段适时、适度地给予孩子成长必需的呵护、支持和帮助。其二,父母在常态的家庭生活中,努力展现好爸爸、好妈妈的样态,在生活中用自己真实的言行,潜移默化地为孩子树立一个为人、为事的标杆,在家庭生活中细节性地熏陶、培育孩子良好的性格与良好习惯,培植孩子的兴趣、梦想、价值观。

近 20 年,在无锡教育电视台、妇联、企业家协会、新华书店、教育局等单位的组织下,我应邀做了许多场有关家庭教育的公益讲座。每场讲座通常都是座无虚席。讲座后,总有许多家长提出教育疑惑。我由衷地感叹:现在的父母确实已十分重视孩子的教育。但在交流中,我也发现,仍有好多家长对家庭教育的本义存在片面理解,对孩子成长规律的把握严重不足,缺乏良好的家庭教育方法,也有一些家庭教育正面临着走向"教育沼泽地"的危险。

在长期的教育实践中,我看到,一些年轻的父母由于对独生子女"成功"的强烈期盼,陷入了极度的焦虑,已经迷失了教育的理性。非理性、短视、追求"十全十美"等一些浮躁的家庭文化,正引导着"内卷"的教育行为,这些家庭教育行为正影响着孩子的健康成长。

有位学者曾这样说,一些孩子生下来本是一块好钢,但被家长炼成了一块铁,但一些家长还在"恨铁不成钢"。这样的批评或许偏激,但确实是一句警语。

今天,所有的家长都认识到了,孩子的学业负担过重,校外培训负担过重,但仍有许多家长在"千方百计""千辛万苦"地加重孩子们的负担。

今天,所有的家长都已认同素质教育,但素质教育的核心内涵究竟是什么?对此,仍有许多家长未有足够的认识。我们可以看到许多家长不顾孩子的个性兴趣,跟风式地在强迫孩子进行音乐、美术、舞蹈、写作、奥数等技能或知识的培训。于是,好多孩子有了一沓沓的等级证书,但他们的善良、独立、自主、规则意识、责任性等核心素养似乎并没有提升。

家长在"不要输在起跑线上"的聒噪声中失去了教育的耐心,一些家长模糊了"短跑"与"长跑"的区别,用"百米冲刺"的方法让稚嫩的幼童在人生马拉松长跑的路上冲刺。

爱孩子是血缘的天性,但有些家长模糊了"关爱"与"溺爱"的界线,忽略了"养育"与"教育"的差异。他们并没有意识到,方向上的偏差,导致的可能是——播下的是希望,收获的却是苦果。

孩子的教育确实是一项十分复杂的工作,绝无"标准操作方案"。这里,我仅以自身40多年学校教育的经验,积累阅读数千封家长来信以及数千次与学生家长交流的心得,也基于对许多优秀孩子范例的研究以及对一些"问题孩子"范例的分析,郑重地对年轻的父母提出以下教育忠告。

忠告一:孩子错了,还是父母错了?

为什么有的孩子不想学习?我的回答是,并不是孩子不想学习,而是家长与学校过早给予了孩子过多、过重的学习的功利目标,试想,孩子头顶着巨大的"磨盘",能长久前行吗?

为什么有的孩子有才无德？并不是孩子天生无德，而是在孩子的成长中，家庭教育、学校教育过多地关注了知识的学习、技能的培养，而疏忽了不可量化、不可考试的核心素养的培育。

为什么有的孩子如此任性？并不是孩子们天生任性，而是生活中父母、长辈给予了孩子太多的宠爱。生活中，长辈们从不向他们说"不"，好多孩子以为自己就是城堡里的"王子""公主"，甚至成了生活中的"皇上"。

为什么有的孩子不能经受挫折？我的回答是，生活中有的家长没有分清养育和教育的界线。好多孩子的成长已远离了真实的生活，缺乏了体验性的感悟，缺乏了浸润性的历练。成长中，父母给予了孩子太多的掌声，而没有及时地对错误行为予以校正与引导。孩子不知道什么叫幸福，也不懂得如何去追求幸福。

两代人之间会相互埋怨，这并不都是孩子们的错，而是好多家长尚没有意识到，教育的最基本形式叫陪伴。一些家长因为事业忙碌，少了基本的时间投入，也就缺失了对孩子成长必需的生活陪伴和情感陪伴，仅以物质的给予替代情感的交融。这些家长尚没有认识到，每个孩子都是有情感的生命灵物。

年轻的父母，有这样几个问题是你们应该经常反省的：生活中，孩子非常愿意与你们交流吗？当孩子诉说时，你们有足够的倾听耐心吗？孩子感到困惑与烦恼时，你们予以及时的疏导与指导了吗？

正如马克斯·范梅南所说："成人的行为指向儿童的意向，实质上也是儿童体验成人及其生活的过程。"在我国的独生子女家庭中，父母可能对孩子怀有深切的爱意并把孩子的最佳利益放在心上。可是，许多成长中的孩子，尤其是幼小的儿童并不能完全理解这一点。孩子可能不明白父母的许多话语和殷殷期望其实是一种深爱和关心的外显，所以读懂儿童的本义一定是家庭教育的起点。儿童的天性是什么？儿童的思维、儿童的语言、儿童的兴趣、儿童的行为和成人一定是不一样的。站在儿童的立场，是年轻父母在家庭教育中必须把握的重要原则。当然，如果父母的话语经常是与成绩、名次相关，许多孩子会把父母的深爱误解为父母只关心成绩与名次，并不关心自己的内心需求和精神发展。深思一下，如果孩子体会不到父母的深情，也没有深深理解父母的关注与教育内蕴，那再多的话语，孩子内心会接受吗？父母的殷殷期望还有实现的可能吗？

好多父母关注与班主任、任课老师的沟通，却缺少倾听孩子内心声音的习惯，缺少及时抚慰孩子成长烦恼的即事、即时的指导。而且许多年轻父母更未深刻认识陪伴并不是简单指投入时间，陪伴的本质内涵是指父母与孩子们之间有经常性的游戏、平等的倾听、平等的交流、共同生活，等等。

很多父母与孩子之间"矛盾"的产生，相互之间埋怨的滋长，双方各不相同的烦恼，重要的原因就是两代人之间沟通不畅。双方虽然同居一屋，但如同"陌路人"，孩子的"不听话"，甚至"叛逆"，也就成了必然。

我们完全可以确认，在孩子每天的生活与成长过程中，父母如果有了经常性的陪伴，有了耐心的倾听，有了对孩子和风细雨式的指导，有了与孩子之间平等的、畅通的交流对话，年轻的父母，你们一定能感受到孩子持续成长的喜悦。

为什么好多孩子感觉和父母在一起并不快乐？我的回答是经常性、乏味、极功利的话题可能是重要原因。中国父母询问孩子频率最高的几个问题是：作业做完了吗？这次考试成绩如何？在班级什么名次？如此，家长和孩子必然会变得越来越话不投机。

为什么许多父母常在焦虑之中？因为这些家长总在寻找孩子所谓"成功"的"秘诀"。他们寻寻觅觅，希望找到一剂良药。我肯定地告诉家长，孩子的培养，绝对没有"一针见效"的良药。孩子性格、习惯等核心素养的培养应该借用中医的思想，慢慢地"调理"。在生活中、在成长中，在两代人无数次的对话中，孩子们才能渐渐找到正确的方向。

我一定要提醒的是，如今的家长，不重视孩子教育的已很少很少，但倘若家庭教育的方向不对，那父母用力越大，孩子成长中的问题就可能越多，倘若家庭教育的方法不对，孩子在成长中会多走很多很多的弯路。

每个孩子的成长过程，好比一棵大树的成长过程。

荀子曾言：蓬生麻中，不扶而直；白沙在涅，与之俱黑。这是说一个环境对孩子的成长很重要。可以肯定地说，家庭生活就是一种彻头彻尾的文化浸润，孩子是酸还是甜，都在这种长期的浸润中形成。

当看到孩子成长中出现的种种问题时，许多家长会归因于孩子，归因于学校教育。情况真的如此吗？下面我们展开一些实际的分析，请年轻的父母认真阅读下面的文字，并展开讨论。

1. 好多家长总以为教育始于学校，其实，教育启蒙于孩子幼小时的家庭"印刻效应"。可以确认，孩子良好性格和良好习惯的养成更是潜移默化地形成于家长每日的"言语示范、行为示范"之中。

2. 许多家长千方百计选择"知名小学""重点中学"，到处寻访"名师"求辅导，但这些家长尚没有认识到自己才是孩子成长的第一任教师。在孩子成长中，父母对孩子性格、习惯、兴趣、梦想、内驱力、毅力等人生关键素养的影响是任何名校、任何优秀教师所不能取代的。

3. 很多家长高度重视孩子的学习成绩与班级名次，但很多家长尚没有认识到成绩与名次的背后其实是学习品质（兴趣、勤奋、坚持等非智力因素）的强大支撑。好多家长更没有认识到良好习惯、良好性格在人生发展中的巨大影响与深远作用。

4. 好多家长热衷于"奥数辅导"，但很多家长并没有认识到广泛的

"书籍阅读"、丰富的大自然"感受阅读"、现代媒体的"选择性阅读"、人际交往的"社会性阅读"、人生历练的"体验性阅读"等丰富经历，对孩子个性、兴趣、价值观、思维方式等的重要性。但凡做出划时代贡献的人，无不具有广泛的兴趣和博雅的气质，无不超越了单一领域的知识性的学习，因而才实现了个性、创造力的最大张扬，而这种博雅的基础，一定是上述众多的"阅读"。

5. 谁都知道教育是一门艺术，但很多家长总以成人的思维、成人的规则要求童稚的孩子。有的家长看到孩子考试的成绩与名次不够理想，会勃然大怒，犹如暴风骤雨般，对孩子一顿狠批；有的家长看到孩子的成绩与名次非常优秀，会喜形于色，进行物质奖励、自媒体展示，甚至在亲戚与朋友面前"摆阔"。这样两种极端做法，其实都是错误的。

6. 许多家长对孩子们的物质生活予以无微不至的关怀，甚至有的父母会对孩子说"你只要认真学习，其他什么都不要你管"，更有家长说"只要你成绩好，什么都可以满足你"。但这些家长没有意识到这种功利的生活"关爱"，它的必然后果是误导了孩子的人生价值观。同时，年幼的孩子也缺失了作为一个自然的人成长必需的"体验课程"，缺乏了情境化的体验性学习，同时也缺失了个体成长中自主、自律、自强等意识培养和能力发展的机会。

7. 许多家长都在批评学生学业负担过重，但好多家长仍在千方百计、千辛万苦地增加孩子的负担。许多家长一方面千方百计托关系、找名师，热衷于名师家教，投资孩子的知识性培训，另一方面仍然在感叹"补差、补差，怎么越补越差"。我认为，最重要的原因是这些家长尚没有认识到孩子不是一个知识的容桶，他们是一个等待点燃的火把。而过多、过重的知识培训恰恰压抑孩子内心对知识的渴求，一些"劳碌"的家长并没有认识到，促进每个孩子成长的伟大的力量其实源于心灵深处的"内驱力"，而这种"内驱力"的培植,一定是起始于"兴趣",成长于"鼓励",稳定于"热爱",形成于"梦想""痴迷""责任感"。

8. 好多家长总羡慕别人家的孩子,总在埋怨自己的孩子某些方面不如张家孩子,某些方面不如李家孩子。其实,他没有看到自己孩子与众不同的个性和潜在的智慧,他既没有看到自己孩子深藏的发展潜力,更没有意识到"金矿"就在自己家中。这些家长始终狭义地理解"全面发展",把"全面发展"等同于学科"总分发展",或者仅以考试成绩、班级名次等片面地评价审视、评估自己的孩子。于是,他们的孩子就每天生活在这也不行、那也不行的批评与埋怨之中。渐渐地,孩子就丧失了自信,磨灭了自己的个性。当自信失去,当个性泯灭,孩子就必然没有了"内驱力",更没有了目标。当一个孩子每天生活在迷惘痛苦、漠然之中,他就很难"好好学习,天天向上"了。

9. 孩子的进步与发展本是需要"宁静致远"的。孩子需要在家长热腾腾的情感呵护中、在家长的鼓励和支持中慢慢前行,更需要家长有农夫等待庄稼丰收的耐心,静待花开。但很多家长却在"不要输在起跑线上"的口号中失去了教育的耐心与理性,他们急切地希望在"秧田"中种植参天大树,他们更希望自己的孩子始终以"状元"的面貌出现。由此,这些家长相信"激素",相信"干预",一些短视的阶段性"成功"影响了孩子的长远发展。

10. 社会的功利性文化使一些家长的心态趋于浮躁。他们相信冲刺,不相信耐力;他们仰慕浮华,不喜欢宁静踏实;他们千方百计钻营,总是期盼有机会"中大奖";他们渴求"伟大",鄙视平凡。在这样的家庭文化中,孩子往往不再相信梦想与恒久,不再相信信仰与责任,不再恪守道德与秩序。

11. 很多家长已熟识了素质教育的概念,但他们缺少对素质教育本质内涵的理解,一些家长不仅驱赶孩子追求显性的学科学习成绩、班级名次,还盲从一些片面的、时髦的"技能教育",非理性地陶醉于技能性等级证书的追求,这使很多孩子陷入"成绩名次"叠加"等级应试"的苦海之中。有些家长看到孩子的成绩册,看到孩子的奖状,看到孩子的证书,就以为孩子成功了。许多孩子在父母的要求,甚至是逼迫下,奔波于各种培训班,他们的生活没有了童趣,他们无法选择自己的兴趣,他们的个性更没有了自由发展的空间与时间。这样的孩子,其人生也很难走到一定的高度。可以这样说,在人生漫长的过程中,决定孩子成长高度的绝不是学科的总分和名次,也不是钢琴、高尔夫等技能的等级,而一定是深潜于每个孩子内心的兴趣、梦想、责任感、性格、习惯、内驱力、毅力等这样一些核心素养。因而,良好的家庭教育应该在核心素养的生长上着力。

美国心理学家曾对800名男性进行了30多年的跟踪研究,得出的结论是,成就最大与最小的人之间,最明显的差异不在于智力水平,而在于是否有自信心、进取心、坚持心,有不屈不挠、不自卑等良好的品质。

在教育实践中,如何看待个性各异的孩子?如何看待尚在成长中的孩子,是每一个教育工作者、每一个家长首先要面对的问题。无数教育事例和专家的研究成果告诉我们,每个孩子身上都有巨大的潜能还没有开发出来。美国学者詹姆斯认为"普通人只开发了他蕴藏能量的1/10,与应当取得的成就相比较,我们不过是半醒着"。

我们更痛心地看到,许多家长在批判传统教育的同时,又在助推着众多教育新问题的产生。为什么今天的孩子总是感到"烦"?因为许多父母以素质教育的名义对孩子提出了各种各样的要求。他们在父母的要求甚至是逼迫之下,走上了另一种应试之路,许多孩子在并没有兴趣的"考分""考级"等的应试路上越走越远……其实孩子的"烦",大多缘于他们的生活缺少童趣和丰富性,他们的自由空间狭小,他们对兴趣没有选择余地，他们的成长没有自主性。

随着经济水平的不断提高，中国家长对独生子女的生活关注已无微不至，许多孩子生活在过度的关爱之中。我要提醒，年轻的父母一定要警觉，过多的关注，过于优越的生活，对孩子的成长是否有利？

许多家长尚未深刻认识，每一个孩子，首先是一个生命，生命应该予以尊重。每一个孩子又是一个与众不同的人，他们的个性应予以肯定与发展，应该给他们自由成长的空间。每一个孩子更是一个成长中的人，孩子就是孩子，应该允许有各种各样的"调皮"。在面对孩子成长的心态上，在帮助孩子成长的方式上，在教育孩子的智慧上，好多家长可能陷入了一些误区。如果我们不从这些误区中走出来，我们将会永远缠绕于"剪不断，理还乱"的困惑中。

教育过程就犹如一个耕作的过程，其劳动的程度和工作精细的水平决定收获的产量和质量。当产量不高、质量不精的时候，我们没有理由去责怪农作物，当我们的孩子出现一些问题的时候，我们也不能把责任全部推卸给他们。更多的时候，我们应该考虑：父母有没有提供适合孩子成长的环境？父母是否掌握了教育的"节气"？父母是否正确把握了素质教育的方向？

这么多年来，我一直在深深地思考这样一些问题：教育就在学校？学习就在课堂？成长仅仅是知识的增多？言传身教仅仅是对老师的要求？几十年的教育实践告诉我，教育的改革如果离开了家长的认同与支持，那么任何改革都很难深入进行。

可以这样说，孩子的成长需要有父母同步的成长，孩子们走向优秀的基础一定是家长的言行的优化，孩子健康成长的必需条件是良好家庭文化的存在。

忠告二：每一棵树都有自己的生长方式

从教几十年，究竟接待了多少家长，阅读了多少家长来信，我已难以计其数。深刻的印象是，在许多次面对面的交流中，在许多次的阅读中，既感受到了家长的喜悦和感激，又收到了不少急切的求助，也收到很多家长郁闷的倾诉。

大约这样一些抱怨是最多的：

我们给予了孩子最好的学习条件，但孩子却不喜欢学习……

鼓励、批评好多方法都用了，但孩子就是不听话……

孩子挺聪明，但学习习惯不好，所以总达不到我的目标……

孩子道理都懂，决心也有，但常常只有三分钟热情……

孩子在学校里各方面表现都好，但回到家就像变了一个人……

个别辅导、暑期补课、名师家教……这些措施我们都采取过，经济上也投入了很多，但孩子成绩就是没有进步……

我们对孩子倾注了很多的爱，为孩子付出了许多许多，孩子不但没有感恩，反而常常埋怨……

隔壁孩子的父母文化程度远没有我们高，经济条件也没有我家好，但他家的孩子各方面都比我家孩子强……

孩子似乎没有人生目标，他也不懂得今天的生活多么幸福……

孩子迷恋上了电子产品，不再喜欢阅读，也不喜欢运动，我们毫无办法……

孩子成长中的种种问题带给家长许多烦恼。我无法开出一剂教育良方，帮助家长们解决所有的问题，更没有包治的良药。但我想对年轻的父母这样说，建议你们用下面这句话去审视你们家庭生活中的所有教育细节，努力去校正一些不合适的做法，形成一些更适合孩子个性、更有针对性的教育方法。**这句话就是：每一棵树，应该有自己的生长方式。**

我想起在澳大利亚访问时，一位中国校长曾问两位高中生毕业以后想做什么。一位学生回答开拖拉机，另一位女同学则说要开一家面包店。这样的回答使我们这些长期从事基础教育的中国校长大跌眼镜。倘若在国内也这样询问，我想几乎没有学生会这样回答。

作物的生长都需要土壤、阳光和水分，但强烈的阳光、松软的土壤、充足的水分并不适合每一种作物的生长，只有在适合的环境中，作物才能生长良好。同样，每个孩子也有自己不同的个性，也有不同的成长需求，最合适的教育就是因材施教。我可以这样说，在所有的教育原则中，"因材施教"是家庭教育中、学校教育中首先必须把握的基本原则。

我校2010届的洪欣格成为无锡首位中学校长实名推荐北京大学的学生。这个小姑娘一夜间吸引了无数家长的目光，大家都希望把自己的孩子培养成第二个洪欣格。我收到了大量的家长来信，有索要洪欣格平时阅读书目的，有索要洪欣格作文的……好多家长都希望能用相同的方法使自己的孩子也获得相同的成功，但他们忽略了每个孩子是完全不同的。

我可以负责任地说：每一个孩子是如此不同，每一个家庭又是如此不同，在孩子的培养上，绝无复制的可能。

无独有偶，当我校2006届黄梦娜成为江苏省高考状元、2014届吴呈

杰成为江苏省高考状元时,家长也开始追捧起他们的成长之道。有一位家长来信:

沈校长:

我是一名高二学生的家长,很冒昧地提笔给您写信,请您体谅一颗做母亲的心。

我的孩子在天一读书已五年半。在这期间,孩子慢慢地长大了,懂事了许多,也学会了很多东西……

转眼就要参加高考了,但我明显感到孩子的成绩达不到我的目标,我几次找他谈话,效果不大。如何帮助孩子能像吴呈杰那样成绩卓越,我们没有良策。但我认定,沈校长的话、老师的话,孩子肯定会听,而且一句话能顶我们好多句。为此,特恳请沈校长能否让班主任在百忙之中找我孩子谈谈心,提提要求,传授一些学习技巧。

我完全理解家长希望孩子取得更大进步的心态,但问题是,家长只看到了优秀学生骄人的学习成绩,并没有试图去了解这些孩子的学习品质,去深度了解支撑这些优秀学生不断进步的核心素养。

我的建议是:爸爸妈妈应该用敏锐的眼睛看到自己孩子的强势智慧,用相当的教育智慧指导孩子发展强势潜能,并竭尽全力帮助孩子将这种强势智慧发展到极致。

2009届周文佳喜欢科技活动,并获得"全国创新大赛银奖""江苏省中学生科技竞赛一等奖"等成绩,被特许参加了东南大学的自主招生面试。两轮面试长达4小时,之后,专家一致将她定为科技特长生"特等"级别。这就意味着她在高考之前就跨入了东南大学的校门。面试专家对她的评价是:创新成果很棒,表达能力及各方面的素质都很好。进入高校后,她依旧发展良好。

如果论考试成绩，周文佳同学在天一中学并不是一个特别突出的学生，但是，她对生活中许多科技问题都有自己的观察，并常常在观察后产生探索的兴趣，在科学探索中则表现出了深度思维和执着的良好品质。周文佳是幸运的，家长和老师们用"望远镜"发现了她的特长所在，没有简单地要她提高学业成绩，而是根据她的特点予以了"适性教育"，天一中学也为她提供了科技活动的平台，并安排冯丹沁、邓一波等专业教师任项目导师，对她进行专项培养。周文佳说："在天一中学，学校不仅不反对学生搞这些看似与课业无关的东西，而且还组织了'科学院'等许多社团。学校组织丰富多彩的科技节，宗旨就是让每个学子的个性和才能得到最大限度的发展。""在学校、家庭鼓励科技活动的这种氛围下，我劲头十足，不仅在学校通用技术课上大显身手，更在暑寒假的科技活动中找到了自我。"

周文佳成长的事例告诉我们，倘若期盼孩子有灿烂的明天，就一定不要用总分和名次，过分地苛求尚在成长中的孩子，更不要总拿着"放大镜"和"显微镜"去观察孩子的现在，甚至找寻孩子过往的种种不足，而应该多用"望远镜"去瞭望孩子的未来。

我希望，年轻的父母要多学习农民的种植经验。经验丰富的农民都会研究每种作物生长对节气的要求，确定不同的农耕方式，还要研究作物对阳光、水分、土壤的要求，选择适宜在本地种植的作物。中国水稻专家袁隆平之所以成功，重要的原因是他发现了适合栽培的优质的野生水稻，并使这种优秀水稻的品种得到了更好的培植。家长也应如此，首先要分析自己孩子的特点，再以最适合孩子的方式进行培养。如此，孩子才能成为最好的自己。

不同品种的作物之间无法比较优劣，我们没有标准去比较辣椒与西瓜哪一个更好，但辣椒够辣、西瓜够甜，这就是好辣椒与好西瓜的评价标准。培养孩子也一样，永远相信，自己的孩子是世界唯一的存在。与别家的孩子比较某一方面的优劣没有任何意义，发现自己孩子的个性，并予以引导与帮助才是最重要的。

家长应该相信，在孩子的成长中，"补差，补差，越补越差；扬长，扬长，越扬越长"，这是一个教育真理。

我们现在突出的问题是，学校、教师和家长总是在用统一的要求，衡量和考评着完全不同的、具有个性差异的学生的成长，并要求每个孩子达到同样的标准。这样的"公平"，不仅使完全不同的孩子蒙受了标准化考试的巨大压力，造成了老师、家长、学生"分分计较"的痛苦现状，更严重的是，在这种标准化的教学与评估中，抹杀了学生的个性，湮没了学生个性潜能发展的可能。

我一定要这样强调：年轻的父母一定要认识到，教育是农业，而不是工业，要多用一些农业的思想，来培育自己的孩子，这样孩子一定会成长得更健康。

工业生产的对象是没有生命力的原料与产品，工业生产的过程是一种产品定型并批量生产的过程，它强调标准化、批量化。但倘若认识到教育面对的是一个个活生生的人，认识到教育过程是一个个生命成长的过程，我们就应该有这样的共识：标准化必然压抑孩子们的个性，而没有个性的孩子怎么会有创新的激情与能力？压抑孩子的个性，不仅抑制一个生命的成长，更抑制了创造力的发展。

农业生产的对象是有生命力的生物。农业生产的过程其实就是生命生长的过程。因而它必须强调"因地制宜、因时制宜"。如果我们认同教育是农业，那么家庭教育与学校教育要做的就是，给每一棵幼苗以合适的生长方式（适性教育），帮助每一朵花在该开放的时节努力绽放（适时教育）。

在家庭教育实践中，把握教育的"节气"，掌握教育的"时令要求"，是每一位家长要长久修炼的一种艺术。犹如农业生产过程，每一个孩子成长品质的锤炼，很大程度上也取决于父母对"教育节气"的把握。

我想向年轻的爸爸妈妈这样建议：幼儿时期，要把握一个"玩"字，以各种方式鼓励孩子玩，要认识"陪伴"的教育意义，尽家长最大可能多陪伴孩子，多做亲子游戏，让孩子在玩中产生好奇心、产生问题、产生想象力。小学阶段，要狠抓习惯，首先是生活习惯，其次是学习习惯，倘若一个孩子在小学时拥有了良好的生活习惯、学习习惯，你未来将会看到孩子的良好成长。初中阶段，孩子开始了自己的思考，这个时候，要特别重视孩子性格的优化，善良、阳光、责任感等性格特征大多在这个阶段形成。高中是学生个性形成、自主发展的关键时期，要极为重视梦想的孕育，要引导学生树立远大志向，要注重培养孩子学习自主、行为自律、个性自强的能力。

忠告三：从孩子成长的方面来说，经历中的"苦难"是一种财富

我这儿说的"苦难"是教育意义上的"苦难"，强调的是经历、体验、磨砺……

世上所有父母对孩子的挚爱可谓全心全意。但遗憾的是，我们可以真实地看到，许多孩子本是一块好钢，但因为父母和长辈的溺爱，被"炼成了一块铁"。

可以这样说，爱绝对是一种神奇的力量，它可以成为孩子健康成长的灯塔，可以成为孩子进步的巨大动力，可以成为孩子克服困难的信念源泉。但爱也是一把锋利无比的剑，如果血缘的爱变成了宠爱、溺爱，就可能成为"错误任性"的温床，成为"不良习惯"的摇篮，成为"危险个性"的陡崖……

父母在生活中无微不至的关怀不仅不利于孩子自立，过度的溺爱还滋长了任性，有求必应的物质满足使孩子不仅不懂得什么是幸福和应该如何去追求人生的幸福，还使其缺失自我责任感和人生追求。自私、任性、脾气大、缺少毅力、缺少责任感等一些不良习惯和不良个性的滋长，必然会深刻影响这些孩子未来的发展与人生幸福。

究竟什么是幸福？如何去追求幸福？对一些孩子来说，已变得如此模

糊，更使我们忧虑的是许多家长认为"时代进步了，大可不必在生活消费上与孩子去计较，能让孩子舒服一点就让他舒服一点"，殊不知，就在这种放松和溺爱之中，一些孩子失去了人的成长中最宝贵的财富——生活体验与磨炼中形成的体质与素质。

我曾经深度研读过友友所著的《伊顿公学和精英教育》，也聆听过伊顿公学托尼校长的演讲，更阅读了很多有关伊顿公学的材料。我曾多次在校长论坛上讲过我对伊顿公学这所学校的解读。

伊顿公学学校教育的核心是对学生的品质教育。

首先，实施严格的学校内部管理。公学的学生大都出身名门，但只要进入了公学则是一律平等，必须接受公学严格的校规管理。贵族要通过非贵族的途径培养是公学提出的一个响亮口号，是对公学教育方法的一个总结性概括，强调对学生的性格培养要通过严格的训练形成。不管学生身份如何，进入学校都必须遵守校规，一律平等。学生即使到了合法的吸烟年龄也绝不允许吸烟，不能拥有自己的汽车，18岁之前不准喝酒，赌博更是不允许，学校甚至规定了学生头发的长短、走路的姿势、服装等。对学生要求如此，对所有教师要求也非常严格，伊顿公学要求所有的教师全部住在学校，这可以使校园即使是在晚上和周末也充满多样化的、有价值的活动。

其次，重视培养学生的坚强性格。尽管学生大都来自上层社会家庭，但为养成他们吃苦耐劳的精神和坚韧不拔的性格，公学所提供的住宿和饮食都非常简单。为了避免家庭对这种教育的干扰，公学长期以来不允许家长参观学生的食宿场所。在公学里，学生以吃苦为荣，校方认为对孩子的溺爱和娇宠是孩子独立性格形成的最大障碍，需要通过磨炼，增强学生在艰难环境下生活的能力。

一年级学生有很多是没有集体生活经验的家中宝贝，校方的第一个措施是，入学后前三周一律不准家长探望。为了训练学生的身体素质，公学要求学生睡坚硬的板床，冬天开窗就寝，洗冷水澡。

当我们认真地审视今天的教育对象，我们应该看到，今天的中国独生子女几乎生活在"大树"的浓荫之下，生活在"人造温室"之中，他们没有了艰辛生活的磨炼，甚至很多孩子缺少真实的生活体验。

今天的孩子生活在网络时代，他们听到了太多太多的信息，面对纷繁复杂的信息，如何判断和选择？他们有了太多太多的网络体验，他们的很多时间在"虚拟社会"中度过，这种生活又给他们带来了什么？又使他们缺失了什么？一位妈妈曾在家长座谈会上反映孩子整天沉浸于网络，既不喜欢阅读，也不喜欢运动……

今天的孩子生活在一个应试负担极重的学习体制中，在简单化、标准化的评价引导下，成长中他们很少有自主选择、自由思考的空间……

在生命的成长中，很多的孩子缺失真实的生活体验，缺失"独立成长"的行为体验，缺失"自主"与"责任"的生活感悟。很多孩子缺少阅读，缺少运动，缺乏对大自然的探索，缺少同伴之间的互动和交流，缺少"劳动"这一重要的教育课程。

太多太多的"负担"，给孩子们带来了什么？太少太少的成长体验又使孩子们失去了什么？

可以说，始终生活在无限关心与无限关怀中的孩子，内心很难有真正的自主，内心很难有自然增长的责任感。父母如果将孩子的一切都包办，就等于剥夺了孩子认识生活、在生活中锻炼自己的机会，孩子也就缺失了体验生活、自悟式成长的过程。

我们没有必要、也不可能去要求孩子重复祖辈、父辈的艰苦生活，但有一点，年轻的父母必须充分认识，始终生活在极为舒适、过度关爱中的孩子，他内心很难有自觉奋斗的欲望与坚持不懈的恒久行动。

1997年，一份两地合作协议，使延安96名学生成为"幸运娃"。连续3年，无锡市每年接收延安32名家庭经济困难、学习成绩优秀的初中毕业生免费到无锡重点高中就读。

2000年6月，在无锡度过3年时光的首批32名学生学成返乡，参加原籍所在地的高考。他们不但向家乡父老，而且向第二故乡无锡的老师和同学交出了一份沉甸甸的优秀答卷。

刚到天一中学时，延安学生张建红说："这里的学生思维都很敏捷，视野也很开阔，动手能力很强，我的知识基础和他们相比差远了，许多功课都赶不上。"但3年后，张建红同学以高分考上了清华大学。

说起张建红，他的班主任蒋寒敏老师在一篇回忆的文章中这样写道：

1997年的秋天，我又成了高一新生的班主任。与以往不同的是，我的班里来了一位很特殊的学生——一个来自延安子长县的男孩，他叫张建红。刚来学校的时候，他总是一个人默默地坐在教室的一隅，独自看着书，做着作业。我知道，由于家庭条件、生活习惯、学习基础等原因，他感到了压力和困惑。

在老师和同学们的关心和帮助下，三年时间，张建红同学以顽强的毅力，刻苦学习，锐意进取。最后，他不负众望，成了延安子长县历史上第一个考入清华大学的学生。

时间过得很快，不知不觉，张建红同学已经大学毕业。现在他已经成为清华大学一名研二的学生，主攻纳米技术。

在天一中学三年学习期间，"延安娃"刻苦、勤俭、质朴的美德给无锡的学生留下了极为深刻的印象：他平时从不乱花钱，对生活的要求很低，但内心却燃烧着学习的热焰。他如饥似渴地投入学习，他充满渴望，用毅力追求心中的目标。他懂得珍惜，热爱生活。他质朴厚道，一有故乡捎来的核桃与大枣，就毫不吝啬地与大家分享。每当班级清卫劳动，他总是积极主动多干一点。对班级、集体的荣誉，他似乎总有一种强烈的责任感……

我还曾收到这样一封学生来信：

尊敬的沈校长：

我来自一个贫困的家庭，但我并不因此而怨声载道，因为现实就是这么残酷。

中考后，我考上了江苏省天一中学。不仅如此，我还进入了优才教育实验班，更令人感激的是，天一中学在免去我全部学费的同时，还每月给我生活补助。政府也对我十分关怀，我还享受了锡山区政府助学金。

虽然自己的家庭条件异常艰苦，但我始终有一颗上进的心。没有辅导书，就向同学借，家里读书环境不好，就把握白天在学校里的每一分钟。每次被问及家住哪里，我就说"无可奉告"，事实上我的家至今仍在一条破旧的船上；每次被问及家里电话号码，我就说"保密"，事实上我家没电话；每次被问及父母的工作是什么，我就撒个谎——"厂里"，事实上他们都失业。但我却始终能在课堂上被提问时，迅速地回答出来。今年在参加南京大学提前招生考试时，我轻松地完成了所有的试题。

今年高三的一模考试，我考出了650分的成绩，如今我被南京大学提前录取。

即将离开天一中学，我的心里很不是滋味。

在天一的三年，是我全身心地投入学习的三年。因为我懂得，这儿的学习条件是如此之好，这儿的学习氛围如此浓厚，勤奋的同学，敬业的老师，图书馆中不计其数的书，教室里的多媒体、空调，无论是精神上还是物质上，我敢拍着胸脯说："进入天一中学，绝对是我一生中的造化。"

对母校的感激，绝不是三言两语可以表达出来的。三月的一天，我收到了南京大学提前录取的通知书。如今，我将赴南京大学参加英语、计算机的强化培训。在我离开天一中学的时候，我难以用语言表达我对天一中学的感激。但我将把她带给我的一切带到我所到达的每一个地方，让每一个有志青年从中受益。我满怀着感恩的心态进入大学，请母校相信我，我一定会努力学习，将来以我的努力报效社会、报效母校。

在无锡狄邦文理学校的几次活动中，有一个孩子流利的英语、主持活动的大气引起了我的关注。

高中部的学术副校长 Sam Jones 对他有这样一段描述：

Jefferson 总是很乐观，对学习充满热情。他在课堂上认真听讲，因而能够轻松地理解深奥的概念。Jefferson 是年级里成绩最好的学生，拥有独立自主的学习能力，常在课余时间完成超出家庭作业的补充练习，因此，他对教学大纲的理解格外深入，同时也在考试中取得十分优异的成绩。当其他同学遇到问题时，Jefferson 经常会提供帮助。他从来不会晚交或者不交作业，始终是年级里成绩最优异的学生。

认识这个孩子后，我和他有过几次交流，他对学习的渴望、对生活的理解都超过了同龄人。他是来自印度尼西亚的一个国际学生，童年即随父母来到无锡，他的小学、初中、高中教育都是在无锡完成的，所以他已把无锡视作第二故乡。

在我和他的深度交流中，他告诉我，生活即教育，他幼年曾患严重疾病，几年的抗病生活，极大地磨砺了他的坚强品格，强化了对生命和生活的珍爱。初中时父母回国，他一个人在中国生活，独立生活教会了他要更坚强、更独立。

在获得牛津大学和伯克利大学的录取通知书后，他和我又有了一次深度交流。数天后，他给我发送了这样一份邮件：

癌症一直是我生命中决定性的词之一。从它早年对我施加的限制，直到今天，它对我仍有持续的影响。我童年中大部分时间都躲避着外界，当我想要从外界得到一些东西时，我的父母给出的回应往往是"不能拥有"或"不能做"。我记得有一天，轻微的敲击使膝盖变得淤青，我妈妈拿着一桶老虎香膏冲过来，问我是怎么弄成这样的。那独特的气味残留在我的鼻腔中，那刺鼻的气味提醒着我是一个脆弱的人。

又过了艰难的四年，我被宣布没有得癌症。显然，我欣喜若狂，我的父母也是如此。但不论出于何种原因，支配我生活的规则仍然存在。特别是我妈妈仍然担心我的身体，确信化疗已经损害了我的健康。因此，任何给我带来巨大压力的活动或食物都不在桌面上。这些恰好是一个十几岁的男孩认为有趣的事情。"不能坐过山车""不能踢足球""不能举重"，甚至"不能吃糖"。我记得有一次我偷偷溜出去买冰淇淋，狼吞虎咽地吃完后，冲回我的公寓——我松了一口气，因为妈妈还在洗澡。这些小小的叛逆行为（以及我欣喜若狂的味蕾）提醒我，在我父母精心打造的庇护所之外，实际上还有另外一个世界。

在一种与我自己家乡文化截然不同的文化中长大，对我来说也是一种压力。我父母非常强烈地感受到这一点，并希望给我一个印度尼西亚的成长经历——从教我语言到烹饪食物。在这一点上，我全心全意地支持他们所做的选择，因为我应该永远记住我的根和我的国家。

我的父母为了给我一个好的生活而承担了艰巨的任务，我很感激他们。在加护病房的日子，在我最脆弱的时候，妈妈常常夜里醒来安慰我。没有他们给我的爱和支持，我无法想象自己吞下了这么大的药丸。这也是我最大的动力，即向他们展示他们的牺牲得到了回报。我想让他们感到轻松，不像童年时那样担心我的未来。我把成功归功于他们，我觉得没有他们我不会有今天的成功。

那些年我锻炼出来的韧性，对我今天的行为方式产生了不可磨灭的影响。虽然听起来很老套，但癌症告诉我生命转瞬即逝。今天，我全身心地投入我所做的一切中，因为我知道每一刻都是一份礼物。

我相信，只要有学习的动力，任何学生都可以成为明星学生。即使一个"学困生"，只要他们认识并纠正自己的不足，也能够取得高分。一个优等生最重要的要素可以说是决心和毅力。如果学生有取得优异成绩的动机，他们就会把精力放在学习和提出问题上。罗马不是一天建成的，巧合的是，这就是他们成长的方式。慢慢地，他们能够建立自己的知识体系和掌握一门学科，克服自己的缺点。

唯一的问题是，无论是找到一份好的工作还是进入一所好的学校，学生都需要有一些他们高度重视的东西作为他们的目标及动力。对我个人来说，由于我生病的经历，我觉得我好像得到了第二次活着的机会。

我成长的关键词：毅力，持之以恒，好奇心，完美主义者。

苦难确实是人生的一种财富。一个历经生活磨炼的孩子，他内心会有一种坚强的力量，生活历练中培养的毅力、意志会帮助他克服人生发展中遇到的种种困难，面对挫折甚至失败，他仍会重新站起……

我还曾读过被南京大学录取的许殿同学的一篇周记，文中这样写道：

学习也是劳动，是充满思想的劳动，需要呕心沥血的热情，锲而不舍的毅力，这样才是真正的学习。

对年轻人而言，吃苦是一种精神财富。一帆风顺的人往往是浅薄的，因为生活给他的考验太少，而尝过苦的人，会得到精神上的充实，因为人们被痛苦折磨的时候，往往会领悟出许多真谛，这些真谛正是我们学习与进步的原动力。

有一次，我的邻居杨建平先生与我交流孩子的教育，他说了这样一段话：

所谓的"富裕病"就是生活缺乏目标，也就是缺乏每天早上为什么要起床的动机。可以下结论地说，没有目标，没有动力，没有毅力的孩子，无论父母多么深爱，无论父母给予多少帮助，"三无"的孩子永远不可能有真正的人生追求和人生成功。细想之，这段话确实是真理。

许多成功人士，事业非常成功，但面对孩子的成长却有无限的烦恼。一些成功人士向我倾诉：在企业、在单位心高气昂，回到家里，面对孩子，经常为孩子学习的不争气而烦恼，也为孩子性格、习惯的不良而忧虑，更对孩子的无所谓态度而一筹莫展……

我曾经开过一次小型座谈会。与会者在会议室坐下后，你看我我看你，好多人都相互熟悉，或为一方权贵或为著名企业家。一位领导笑着问："沈校长，今天是不是要筹措教育经费？"我笑而不答。会议开始，主持会议的一位副校长说："今天请大家来，主要是请大家共同研究孩子的成长问题，你们的孩子在学校生活中，或多或少表现出一些习惯偏差和性格偏差。教师在教育孩子的过程中也发现了需要你们高度关注和配合学校教育的若干家庭教育问题……"此语一出，与会者面面相觑。

为什么成功人士的孩子在成长过程中也会遇到麻烦？为什么好多企业家的孩子学习成绩不够理想？为什么会有"富不过三代"的经典告诫？这里有三个关键的原因。

一是好多成功人士在艰辛创业的过程中，将大量的时间和精力倾注给了事业，在孩子的生活与成长过程中缺少有教育意义上的"陪伴"。在平时的生活、学习过程中对孩子的心理关心也很少，生活中更缺失了点点滴滴即事、即时性的习惯与性格方面的指导；在孩子的成长过程中，更缺少与孩子平等、真诚的交流。也就是说，孩子在成长过程中，缺失了潜移默化、绵绵不绝的"随机教育"。

二是成功人士为孩子提供了富裕的家庭生活，而这种过度舒适的生活使童稚的孩子始终生活在"虚拟世界"中，家庭生活缺失平民家庭的"自然四季"，更没有艰难困苦生活的锤炼，孩子们很少看到勤劳行为的示范。在每天的生活中，孩子养尊处优，生活中事事有人安排，处处都有关照，物质需求要什么有什么，长期浸泡在富裕生活中，孩子已不知道何为生活，他们很难具有成长必需的努力。

三是面对孩子不够理想的学习成绩，面对孩子的不良行为习惯，成功人士内心总感觉歉疚，他们更想补偿。于是，他们想方设法给孩子寻找名校，想方设法联系名师家教，甚至在校园附近租房买房。但遗憾的是，孩子缺少成长的内驱力，孩子的种种习惯并没有优化。我们看到的事实是，家长与孩子之间的相互埋怨与日俱增。

我想对这些父母说：生活即教育，要让孩子们过正常的生活，就让孩子们生活在真实世界，尽可能让孩子多体验生活的艰辛与复杂，让孩子多一份历练，他就多了一点财富，如此他才可能成为一个追求向上的孩子……

忠告四：家庭和谐，孩子的生命才有厚度和张力

凌志军先生在其《成长比成功更重要》一文中有这样一段：

我们对"爸爸和妈妈"的研究曾经向很多方向延伸出去，一度把焦点指向父母的受教育水平、父母的职业、性格，或者在社会各阶层中的地位，又一度指向父母的"教育方式"。但是后来我们发现，那都是歧途。

事实上，父母对孩子的影响力，不是取决于这些因素，而是取决于父母和孩子们的关系是否融洽。

当阅读完上文，我真有醍醐灌顶之感。在我长期的教育生涯中，我目睹了许多"神奇小子"的健康成长，但我也确实看到了一些"问题孩子"的存在。仔细研究这些孩子的成长轨迹，我们可以清楚看到家庭和谐与否的深刻影响。

生活中，孩子们感受到的家庭氛围是"战争"还是"和谐"，可能决定孩子是病态，还是阳光。长期研究之后，我得出了这样的结论：一个浸润在和谐家庭文化中的孩子，他的生命才有厚度与张力，一个具有良好性格与优秀习惯的孩子，其性格和习惯形成的基础一定是和谐的家庭文化。

在40多年教育经历中，听到了很多孩子成长中的倾诉。我一定要提

醒的是，每个生命的成长，不仅需要物质的关怀，更需要情感的润泽。可以这样说，对孩子来说，家庭的和谐就是幸福，孩子也一定会健康、快乐地成长。

中国台湾地区高雄师范大学附中原校长蔡典谟先生在其所著《协助孩子出类拔萃》一书中这样写道：

温暖和谐的家是成人快乐的泉源、事业的后盾，更是孩子成长的温床及努力上进的源动力。为了个人幸福及孩子的成长，父母应该重视家庭的经营，关爱孩子，与孩子建立起良好的亲子关系。

温暖和谐的家庭气氛，不但有利于孩子的人格发展，孩子在爱的环境中成长，其成就动机也会跟着成长，被关爱的孩子努力用功以达成父母的愿望是非常自然的事。而家庭气氛的和谐，常常可以给予子女安全感，让他们放心地去从事自己的活动，主动去探索四周的环境，因此，孩子的潜能乃得以发挥出来。

高成就学生，个个都拥有温暖、和谐的家庭，他们的父母一致肯定地表示，温暖的家庭是孩子努力的源动力，孩子的学业成就与此有莫大的关联。美国的成先生提到了："孩子如果生长在一个非常温暖的家庭，他感觉安全，感觉自己是被保护、被爱的，他就会非常愿意来读书。"

现今社会上青少年犯罪率不断提高，吸毒、飙车、价值观念不正确，确实是社会的一大隐忧，其与家庭、学校教育息息相关，尤以家庭教育影响最为深远，因为孩子待在家里的时间最长，受到的影响也最深远。因此，如何营造一个温暖、和谐的家庭是相当重要的课题。

天一中学2009届毕业生孙燕然在离开学校时，给我的来信中这样写道：

和父母一起，我感受到的永远是温馨。爸爸像山，深沉厚重；妈妈像水，温润灵动。

我每天晚自修结束总是匆匆往校门口赶，因为校门口总有一个人在等我。我走到校门口，喊一声"爸爸"，自然地拉住他的手，然后边聊天边朝家走，三年如此，从不间断。同学经常羡慕地对我说："你和你爸爸的感情真好，两个人手拉着手，就像两个小朋友，我和我爸就从来不会这样。"每到这时，我总是甜蜜地笑。就连学校对面的商店老板都认识我爸。毕业后我经过那家店，老板娘还向我说起："你爸爸真是好啊！三年来天天接你，我从来没见过这么好的家长！"我的心头又是感动，又是骄傲，恨不得向全世界宣布"瞧，这就是我的爸爸"！

我每天踏进家门做的第一件事，就是喊一声"妈妈"。无论我多晚下晚自修，妈妈都会等我，看到我回家，就立刻端来一杯果汁。那可不是普通的果汁，而是妈妈亲手榨的，单单不说那比普通的果汁营养好了百倍，光是果汁中融入的妈妈的耐心、关心和爱心，就让我感到心头爱意满满！

对我而言，家，并不仅仅是处理生活细节的地方，更是一个源源不断的力量之泉，学习、和同学交往、和老师相处的问题，都可以在父母的帮助下解决。

记得高考前，我接连几次数学考试成绩都很糟糕，白天我在学校里闷闷不乐，提不起精神，却在晚自修后走出校园时装作很坚强，不想让守在校门口的爸爸担心。可我终究没有控制住情绪，在看到爸爸的那一刻，眼泪就不听话地流了出来，我像一个受尽委屈的小孩，抽抽噎噎地向爸爸诉说。爸爸没有怪我，他拉着我的手慢慢向家走，边走边告诉我："爸爸妈妈看重的不是考试成绩，而是你能不能正确处理高考路上的点点滴滴。爸爸相信你的实力，你不要对自己失望，正确、阳光的心态才是成功的关键！我的女儿什么时候变得这么脆弱了？"我在爸爸的眼里找到了自信、找到了力量、看到了明天。

爸爸妈妈从不将他们的意愿强加于我，我们总是商量着解决问题，和他们在一起，我从不感觉到自己是在接受教育。他们很忙，却总是挤出一切时间陪着我，哪怕只是一起吃一顿饭；他们在家里会严肃地为我指出每一点错误，却总在人前夸赞我的每一点进步；他们工作很累，可再累也会在周末带我到外面走走……上学时我总是觉得政治书上背到的"文化对人的影响是潜移默化、深远持久的"很空洞，但毕业后却真真切切明白了这句话。

有这么坚实的家庭后盾，我在大学还怕什么?!

生长在和谐家庭中的孩子是幸福的，就如同大树扎根在肥沃的土壤中，孩子也能从家庭中获得无穷的能量。幸福的孩子总是相似的。父母关系和谐，犹如日月同辉，孩子感到宁静与温馨，无忧无虑、乐观积极、勇敢坚强。

但现在需要面对的问题是，在开放的社会、繁荣的经济、多元的文化之下，离异家庭的比例不断增加，学校与教师都感受到了离异家庭孩子增多带来的教育挑战。表面上看，这些孩子学习不认真、学习习惯不好、逆反心理强烈。当我们走近孩子、倾听孩子心灵的声音，可以发现，父母之间的种种矛盾，使一个家庭没有了温馨的氛围，孩子生活在风暴之中。父母之间的争吵，甚至是家庭暴力，给孩子幼小的心灵播下了不安、害怕、仇恨甚至暴力的种子，而这种伤痛，老师往往很难抚慰。

我曾看到这样一篇学生周记：

寒假，经历了许多，改变了许多。

婚礼，我不告而别，向着家的方向走去。空虚，惆怅，讨厌那许多陌生的面孔，讨厌那故作浪漫的爱情坟墓。

走，无边的路，漫漫的时空，思考，阳光下汗水的味道，11公里，就这么过去。

然后，理所当然地逃避，那个父亲重新结婚的地方——一个令母亲心碎的方向。

夜，静了，一个人在街上慢慢地骑着车，只记得，两声——"妈，我在爸这边"，"爸，我在妈这边"。尔后，一片孤独，我只能静静伫立在古运河畔，看昏黄的航灯，奔向河的那头，然后，消逝。

那么，我该漂向哪儿呢？

啪！！！

我又一次走了，离开了父亲的家，带着脸上的伤痕。总怀疑，父亲不是个男人，为何背叛了妈妈？妈妈，则始终不能原谅父亲，为何总对父亲耿耿于怀？但，我错了吗？我错了吗？

想要一个家，但家却不要我。心痛是最后的结果。

想要一个家，但家却不要我。谁能了解我的哭泣？

……

读完这篇周记，我立即找到班主任了解情况，班主任告诉我，这孩子本来学习成绩良好，性格活泼，高一下学期开始，孩子越来越沉默了，上课经常走神，成绩直线下降。班主任多次找孩子了解情况，有一次孩子终于号啕大哭，说爸爸妈妈正在闹离婚，经常吵架，甚至打架……尽管这位班主任做了大量的疏导、安抚工作，但孩子心头的痛终难抚平，孩子的目光常常充满忧郁、怨恨，他变得沉默寡言，很少与同学交往，他对学校的活动也不感兴趣，对生活、对学习、对人生都失去了应有的激情。我无法预测这位孩子的将来，但我非常担忧，带着这种心态、情绪走上社会，他的人生会如何。

调查显示，离异家庭的孩子，往往在父母"精神扯皮"的过程中，承担了一个聆听者、目睹者和他们宣泄彼此间仇恨的暴力的承受者的角色。那么，这些孩子对人类和社会的态度也就可想而知了；他们会在父母行为中，习得"以暴制暴"，因为他们成长的家庭就是缺情少爱。

对父母的分开，孩子会表现出不理解与不能接受。因为从懂事开始，孩子便开始认识并感受着家庭生活中父母间相处的关系。他很难明白，同住一个家，同吃一锅饭，父母为什么总是争争吵吵，乃至由一点小事引发一场"战争"。父母在争吵中所显露的狰狞嘴脸，会深深刻入孩子的脑海，他不愿相信这是那张对他有爱的脸，他对人性、对生活的美好认识与憧憬会因父母的"背叛"而"扭曲"。虽然父母极有可能只是背叛彼此，对孩子还是疼爱的，但这极大的反差会颠覆孩子对成人，甚至这个世界的信任。

另外，父母若不是理智分手，极有可能对对方怀着极大的恨意，这就有可能在孩子面前丑化对方，或者将自己放在受害者的位置，控诉对方的不道德，力图争取子女在情感上对自己的支持。无论出于怎样的原因，都只会用仇恨的情绪影响孩子。试想一下，心中已埋下恨的种子，孩子的人生怎能开出幸福的花儿呢？可以确认，家庭不和谐可能影响孩子的人生态度、思维方式、性格习惯，甚至决定着孩子的人格发展。

恳请一些已经离婚或正在闹离婚的家长，孩子是你们爱情的结晶和生命的延续，为了孩子的健康成长，当两人面对孩子的时候，你们一定要管好自己的嘴巴，不要让孩子听到大量没有理性的语言，更不要让孩子看到家庭暴力。当一方不在，另一方一个人面对孩子的时候，不要恶意地贬低对方，更不要给孩子灌输仇恨对方的种子。当孩子在成长中遇到困难，孩子向你诉说时，你应认真倾听；当孩子向你求助时，尤其是请求心理援助时，你应尽最大可能予以帮助，千万不能以由谁监管为由，冷漠地推托或无情地拒绝。

争吵中的父母一定要警醒,当孩子感受到家庭生活"冰冷",当孩子向你们求助时,父母若都予以"冰冷"的拒绝,孩子可能会以为,世界已"冰冷",悲剧往往就发生了……

所有年轻的父母,永远记住:倘若你希望自己的孩子成为一个健康发展、有益社会的人,那和谐的家庭就是孩子健康成长的土壤,是孩子的心灵港湾,父母的相亲相爱也是孩子眼中最动人的画面。

家庭可以富裕,也可能贫穷;父母可以相爱,也可能分开。无论如何,父母、亲人都要给孩子创造温暖、和谐的环境,让孩子感受到爱,让孩子对家庭有眷恋、对生活有期盼。

忠告五:"一流学生"与"一流考生"是截然不同的

"好学生"具有什么样的特征?几十年的教育经历,让我有了这样的认识:"一流学生"与"一流考生"在本质上是截然不同的。在长期的成绩排名评价体系影响下,确有一些孩子,他们生活的主题仅是教科书的诵读和习题的训练,在他们的成长经历中,"教科书就是世界"。因此,他们熟记了许多知识点,掌握了许多经典例题。在中考、高考中,他们会取得突出的成绩,这样的孩子可以称为"一流考生"。但在漫长的人生道路上,在十年、二十年以后的社会行业竞争中,他们很难成为某一领域、某一行业的"社会状元"。原因是,他们的视野太窄,他们缺乏好奇心、内驱力、探索、创新、毅力等一些关键素养。

当我们开拓视野,研读许多影响了人类历史的"行业状元",研究他们的成长轨迹,研究他们的人格特征和行为习惯,我们可以发现,这些人之所以在漫长的人生马拉松中胜出,并成为"行业状元",是因为他们拥有走向卓越的关键素养。

研究许多优秀孩子的成长历程,我们会发现,其一,他们拥有超越一般孩子的好奇心,他们对自然和未知始终怀有好奇、探索的兴趣,求知和成长的内驱力始终涌动在他们的心中,总有一个远方的梦想在引导着他们前行。其二,他们极具批判性思维,他们绝不盲从权威,他们对已知和未知充满了质疑，追求真理、勇于创新的科学理性在他们的血液之中涌动。其三，他们都具有坚持这一品质。放眼世界，许多中外行业人才在成长中，无一例外都有"坚持"这一高贵的品质。面对坎坷，他们百折不挠。为了寻找科学的真理，实现心中的梦想，在探索前行的路上，他们会表现无与伦比的勇气和毅力。

我们也可以清楚地看到，世界名校在录取学生时，看重的不仅是考分，更青睐素质全面的人。尤其是世界顶级高校，它们在挑选人才时，更是如此。

我们也可以看到，基础教育改革中很重要的一项内容就是建立学生的综合素质评价体系，并制订相应的科学评测标准与手段。其目的就是引导学生从争做"一流考生"转变为争做"一流学生"。

我认为，小学、初中阶段尚难以判断谁是"一流考生"，谁是"一流学生"，但进入高中后，只有那些心中有梦、满怀激情、执着追求的学生才有可能成为真正拔尖的人才。也许"一流考生"与"一流学生"在某一次考试中都取得了同样的高分，但在攀登科学高峰的征途中，"一流学生"所能达到的境界与高度，绝对是"一流考生"难以企及的。

每天在校园内面对着众多优秀的学子，我时常会产生崇拜学生的感慨。每年总有一批优秀的毕业生给我留下极为深刻的印象，总有一些优秀学生的成长范例丰富了我的研究案例。

每学期，我会聘任一些学生做校长小助理，其间，我与他们会有较多的面对面的交流，对他们的习惯、性格进行观察。这些孩子的人格素养、知识视野、能力素养总会给我很多启发。我深悟，他们的优秀，绝不是偶然的。

让我们一起来阅读我积累的一些范例性研究材料，相信你阅读后也会有所感慨：

2012届高三学生李志远获全国数学奥赛银牌，被清华大学姚期智班提前录取，担任校长助理后他坐进了行政楼校务办公室，当天晚上他交给我一份个人工作和学习安排。

1月15号，全国数学冬令营告一段落，我也开始准备进入下一阶段的学习生活，担任校长小助理。下面是我对这一段时间的工作安排。

一、学习

1. 数学：自学大学数学，包括数学分析、线性代数。

2. 计算机：学习C++、Java。

3. 物理：了解近代物理前沿，学习相对论、量子力学基础。

4. 英语：阅读原版英文材料10—15页。

5. 每天练字1面。

二、运动

每天运动时间不少于1小时。

三、科研项目

参加FTC机器人比赛，学习各种机械加工技巧，增强对电子设计、电路原理的直观经验理解，提高动手能力。（若有其他项目，则再进行考虑，希望校长帮助多提供一些这样的机会。）

四、社会实践

1. 帮高三部分同学上数学提优课。

2. 完成校长交代的工作任务。

五、阅读

阅读艺术、宗教、哲学、经济、政治各方面的书，提高综合人文修养，培养全球化视野。

每周至少读2本，当校长小助理期间至少读完30本书。

部分书单如下：

学术有《数学分析》（上、下）、《线性代数》、《C++从入门到精通》；

哲学有《查拉图斯特拉如是说》《笛卡尔：形而上学的思辨》；

文学有《卡夫卡中短篇小说集》《青灯》《挪威的森林》《IQ84》；

经济有《货币战争》；

历史有《全球通史》；

美学有《美，看不见的竞争力》……

被美国宾夕法尼亚大学录取的徐奕凡同学则这样写道：

新学期开学，我便坐进了校务办公室，开始了校长小助理的生活。这是一种全新的生活，比在教室里更自由，也更能锻炼自己的能力。十多天过去了，我也渐渐适应了在教室、科学楼、国际部、行政楼的多样生活。

新学期，我又选修了国际部的AP心理学、AP经济学和AP英语，每天有4节AP课程的学习，开始慢慢追赶他们的学习进度。虽然我一开始对全英文教学和讨论性的课堂感到有些不适应，但我逐渐调整了我自己的学习模式，主动去适应美式课堂。AP的课程难度虽然没有普通高中部的课程难度大，但是广度却大了许多，知识也有趣了许多。这些知识，我相信我一生也不会忘掉。

在科学楼，我参与了FTC机器人比赛的相关项目，我打算通过这项比赛来学习电子学、机械学和工程编程的知识。我也打算学习各种实验室仪器的使用方式，以便进入大学后就能直接开始在实验室做科研。我每天有两节课在邓老师那里，课表也和邓老师商量好了。

在行政楼里，我学习了如何使用大型打印机。这种打印机我以前从来没有用过。它功能多样，又十分有用。当然，当校长小助理期间，更多的是学习如何协调学校诸多部门之间的工作，跟随校长学习如何接待各类来访者，安排会议，等等。我还为校长提供了一些学生管理学校的建议。

哈佛大学前校长陆登庭认为，一流的学生不能仅凭分数来评估。对于美国的学生来说，统考是很重要的，但这不能代表所有方面，因为还有很多内容需要考查。就如何能成为一名哈佛大学的学生，陆登庭认为，不只是学习好，还要看他是否有创造性。仅有知识是不够的，创造的精神、探索未知的好奇心，是一流学生所必备的素质。此外，除了关心自身的专业领域，还要看他是否关心其他领域的东西，有没有广泛的兴趣。牛津大学前校长科林·卢卡斯认为，大学培养人才，最重要的是培养其独立思维的能力。如果只是完整地将老师教授的内容记忆下来，不是真正的好学生，因为这只是机械性记忆。在两位校长眼中，创造性、广泛的兴趣、独立思考的能力是每一位一流学生必不可少的。

2006年，我访问剑桥大学丘吉尔学院，与丘吉尔学院一位招生主管有过这样一段对话。我问："剑桥大学录取学生的首要标准是什么？"这位先生告诉我是"内驱力"。我问如何理解"内驱力"，他说是"对科学的无限向往"。

钱伟长、钱锺书一直是无锡人引以为傲的大师级人物，但倘若以今天的总分评估来衡量这两位杰出的人才，他们在中学时代不仅不是"好学生"，更不是"一流考生"。但幸运的是，当年的清华大学以博大的胸怀接纳了这两位中学阶段数理化学科成绩并不拔尖的学子。但也就是这样两位非"一流考生"，成了清华的骄傲，成了国人的骄傲。

在我看来，高校录取的不应是抽象简单的"分数"，而应是形象具体的、高素质的"人"，尤其像清华大学、北京大学这样顶级的高校，更应如此。学校选择的不仅是会考试的"一流考生",更应是素质全面的"一流学生"。

2014年8月,我参加第13届亚太超常教育学术研讨会议,有幸聆听了施一公先生的演讲《如何成为一名科学家》。

要成为科学家,那他必须有以下条件:一是时间的付出;二是具有批判性思维;三是具有自我意识(科学家的脾气——永远追求卓越)。

杜江峰院士,天一中学1985届少年班毕业生。他16岁保送至中国科学技术大学少年班,如今已是浙江大学校长。杜江峰从28岁起进军当时最新的量子计算实验研究领域,成为中国最早从事这项研究的科学家之一。在随后近20年的时间里,他一头扎进量子计算领域,取得多项重大研究成果。杜江峰说:"我从有记忆的童年开始,就梦想成为科学家。这么多年来,梦想没有变过。科学的未知与挑战性对我来说有着巨大的吸引力。"遭遇挫折,是做科研的常态,好的研究成果一定是建立在解决了很多挫折的基础上。杜江峰说,科研就是他所热爱并为之奋斗的事业,他不会停下探索未知的脚步,希望能多做一些原创性成果,有朝一日在这个领域能够引领世界前沿研究。

郑凯文,2014年被美国常青藤康奈尔大学录取,本科毕业,后被美国12所顶尖高校,如哈佛、普林斯顿、宾夕法尼亚、麻省理工、加州理工、斯坦福、加州伯克利、芝加哥、约翰霍普金斯等全额奖学金直博录取。

郑凯文优秀的课业成绩已让人感觉惊奇,更让人难以置信的是,她身上似乎总有使不完的力气,可以"轻松地"同时去完成多项任务。她热衷于参加各种比赛。她热爱美术,各类画种都有所接触,在学校的漫画比赛、壁画比赛中屡次摘得一等奖。她学习过的乐器不下十种。作为学校戏剧社的编剧和演员，其又夺得过全国学生戏剧节的最高奖项：综合表演奖。郑凯文热爱参与各种活动，学校的科技节、艺术节、机器人比赛、创新大赛、辩论赛，以及包粽子比赛、水果拼盘比赛、贺卡制作、木结构制作比赛等，她都要"轧一脚"。在体育运动会上，她更是连续多年拿到金牌。她还在"金钥匙"竞赛中获得江苏省特等奖；青少年创新大赛中获江苏省一等奖；全国"地理小博士"竞赛中获二等奖；全国机器人比赛获思索奖、南方赛区冠军……她堪称"赛霸"。

无论是课程学业，还是各种兴趣爱好，各项成绩的取得并不是偶然的。这个被同学们公认的"女汉子"有着常人没有的坚韧，每件事几乎都是全身心扑上去干。她参加了天一天文社"月面及星空摄影研究"的课题。为了获得几张优质的星空照片，大年初二独自在零下十摄氏度的郊外拍摄至凌晨，她一边在照相机前跑圈暖和手脚，一边等待着最佳的时机，最终她收获了想要的照片，在这个研究课题中拿到了一等奖。报名参加省创新大赛那半年，她的生活节奏异常快，为了给制作作品腾出时间，她必须尽快完成作业，因为来不及吃饭，往往揣着几个面包在实验室里啃，手上也被电烙铁烫得伤痕累累。功夫不负有心人，最终，她的作品又拿到了省一等奖，并申请了国家发明专利。

培根曾说过"知识就是力量"，但知识其实由两个层次组成，浮在上面的是信息，它能为你所用，而不能沁人心脾；沉在下面的是文化，它才是真正的人的修养、观念、行为的根基。拥有信息的人看到一块石头就是一块石头，一粒沙子就是一粒沙子；而拥有文化的人却能在一块石头里看到风景，从一粒沙子里发现灵魂。

在我看来，人的发展中确实有一些关键的核心因素：人生的信念（理想与目标）、执着追求的毅力（意志品质）和优秀的习惯（思维、生活、学习）。基础教育的本义是为人的终身发展奠定基础，在所谓的基础中，习惯与视野可能是本质意义上的重要基础。中央教科所蒋同华先生曾对48位诺贝尔奖获得者进行研究，得出结论：他们的科学发展既不是预定的，也不是组织安排的，而大多是由个人兴趣、好奇心所致，是很个人化的东西。

我们今天的教育应该为明天的社会建设者奠定什么样的基础，我想这样三个方面是缺一不可的：第一是习惯，包括生活习惯、学习习惯、思维习惯等，它可能决定一种人生态度与人格修养；第二是视野，它可能决定人的境界与创新行为；第三是知识，它是文明人必需的文化素养和发展基础。

当我们对这些问题有了理性的认识以后，我们就不难界定"一流考生"与"一流学生"了。我们也必然会选择真正适宜的基础教育行为。

忠告六：方向远比方法重要

今天的许多年轻家长，都在努力学习家庭教育的方法。但要提醒的是，在孩子的成长中，把握家庭教育的方向比简单地研究教育方法更为重要。

首先要把握的方向是：深刻认识素质教育的本义。

20世纪80年代初，素质教育成为教育改革与发展的方向，但几十年过去，虽然从上到下都在大声疾呼"素质教育"，但传统教育的问题似乎并未得到根本性解决。除了评价机制的制约性影响外，家长对素质教育的浅层次理解，也是一个重要的原因。

一些家长片面理解素质教育，把"全面发展"理解成了各学科的均衡发展，更有甚者，把"全面发展"理解为各科成绩高分发展。于是，家长极为重视孩子的总分名次，哪一门学科稍弱，家长就予以补差，因此，孩子的学习压力更加沉重。

也有一些家长坚信"学好数理化，走遍天下都不怕"，于是，他们千方百计让孩子学奥数，参加各种学科比赛，但很多家长没有意识到，在这种枯燥、机械，家长强制性安排的知识性补课中，孩子们的童性、童趣受到了冲击，孩子们得到了成绩，但孩子们失去了学习的快乐，失去了对知识学习的兴趣……在过早、过多的成绩竞争中，孩子丧失了自尊、自信，这一种片面、简单化的分数教育正在培养更多"一流考生"。

我们还可以看到，好多家长唯恐自己孩子的"素质"不够全面，只要孩子稍有空闲时间，父母就会给孩子排出素质教育课程表，学钢琴、拉二胡，参加小记者班、舞蹈培训、上时髦的马术课、高尔夫课，等等。一句话，绝对不让孩子有自己掌控的时间。这些在应试文化指导下的技能培训，确实培养了孩子的某些技能。但一定要认识的是，过早、过多的技能培训也使孩子没有了兴趣的选择，没有了自主发展的空间。

被南京大学提前录取的张有恒同学在看了电视新闻以后曾写下《仅有才艺是远远不够的》这篇文章。文中这样写道：

李某4岁学钢琴，8岁习书法，所拜皆名师。小学、初中皆就读名校，留学于美国私立学校，10岁加入中国少年冰球队，多次参加国内外少儿冰球比赛……

从李某成长的环境来说，可谓优越，从他的才艺来说，可谓学有专长。但是，李某的问题在于他仅有技术性素养而已，而成长中每个孩子应该拥有的规范、规则意识，他却没有……

应该说，李某的父母在孩子成长上投入了很多，他们重视了孩子才艺的发展，却忽略了性格、习惯乃至品格的校正与培养，因为方向不对，父母的无限投入并没有让孩子拥有健康的人生。

在孩子的成长中，年轻父母一定要避免犯以下错误：关注成绩多，关注兴趣少；关注生理多，关注心理少；关注"成功"多，关注成长少；关注昨天多，关注明天少。

那么，在孩子的成长中，在实施素质教育的方向上，父母最应该关心孩子的什么呢？我认为最应该关心的恰恰是最基础的习惯的培养。

有这样两句名言——"我们先培养出了习惯，随后习惯培养出了我们""播下一个行动，收获一种习惯；播下一个习惯，收获一种性格；播下一种性格，收获一种命运"。这些名言极其深刻地说明了习惯对塑造人、塑造人生的重要性。

我也一直坚信，素质教育最基本的追求，就是培养学生良好的习惯。

习惯是一个人固化的行为方式，它的形成是一个渐进的过程。在习惯培养中，首先是生活习惯的培养。在家庭生活中，父母对儿童用餐习惯、卫生习惯、作息习惯、语言习惯等等细节化的示范和指导，慢慢就固化了一个人终身的生活习惯。

其次是学习习惯的培养，再次是思维习惯的培养。有些家长会抱怨：孩子学习习惯差，每次写完作业都要我帮他收拾文具；孩子做作业磨蹭，考试也常常答不完题；孩子总是丢三落四，做事没条理……要找到原因，你不妨先回忆一下：你常观察自己孩子的生活细节吗？你对孩子边吃饭边看电视的行为及时地阻止了吗？你与孩子一起制订过双休日活动计划吗？你们夫妻在家庭生活中有良好的阅读习惯，并影响了孩子的阅读习惯吗？一句话，当你发现孩子有某些习惯问题时，你是熟视无睹，还是适时地予以批评，并提出了明确要求？

一定要认识到，生活中父母对孩子细节性行为的即时性态度就是习惯形成的教育过程。

那么，父母如何培养孩子的好习惯呢？我的建议是一靠潜移默化，二靠亲身示范。

习惯的培养都是在生活中悄然进行的，是细节化的培养。自孩子懂事起，便可在学走路、学吃饭中培养孩子的规范意识、自主意识，在学会说话的过程中来培养其讲文明、讲礼貌的习惯，用孝敬父母、尊敬师长的举动让孩子有一颗感恩的心，用关爱小动物的行为来培养孩子与自然、他人、社会和谐共处的心态。

我有一位朋友，他工作很忙，但他非常关注双胞胎女儿的素质教育。

一次与我闲聊之间，他谈到了对两个女儿生活习惯的培养。孩子上小学时期，他就定期让两个女儿整理家中的废旧报纸、废旧硬纸箱，他还与邻居打招呼，让孩子帮助邻居们整理废旧报纸、硬纸箱，让两个孩子抬着下楼卖给收垃圾的人。邻居不解地问他，为何这样苛求孩子。这位爸爸严肃地说，绝非为了几个钱，而是为了孩子的素质培养。这位爸爸常对两个女儿这样说："劳动是一种修为，节俭是一种美德，帮助别人更是一种责任和公德。"在父亲的长期要求和行为指导下，两个女儿都有了良好的行为习惯。卖废纸换来的钱也化作一缕阳光，温暖着汶川、舟曲等受灾地区的人们。

与家长交流，总会听到家长们对天一中学孩子良好习惯的赞扬。一位家长说，走进天一的宿舍，孩子们说"阿姨好，阿姨，你又来啦……"，总感到心里一阵热乎；一位家长说，打电话到天一宿舍，好多孩子的开口语是"你好，请问找哪一位？"；许多大学的招办老师反馈，天一的孩子进入大学自主学习能力强，勤奋好学……

为什么有这样一些赞扬的话语？细想之下，这么多年来，我们坚信"卓越其实源于良好的习惯"，着力推进"生活德育"，着力于学生生活习惯、学习习惯的培养，渐渐地，就有了今天的良好校风。

有专家认为，6岁之前是孩子习惯形成极为重要的阶段，所以学前教育的核心是培养习惯，而不是传授知识。

根据美国心理学家拉什利的动物记忆实验，一种行为重复21天就会变为习惯，90天的重复则会形成稳定的习惯。研究发现，孩子不同的行为习惯形成行为自觉的时间也各不相同，总之是坚持的时间越长，习惯越稳固。

可以这样说，家庭是习惯的学校，父母是习惯的老师，儿童教育的重点就是培养好习惯。我们抓住了行为习惯培养这个根本，就抓住了家庭教

育最有效的一条途径，也遵循了素质教育最基本的要求。

在家庭教育中，还有一个重要的方向也一定要把握，那就是个性和任性是截然不同的两个方向。

有一些父母因工作繁忙，内心对孩子似乎总有歉疚（事业成功者更甚），对孩子的错误熟视无睹，对孩子的任性要求，甚至明显过分的物质要求也是百依百顺，他们总想以对孩子的物质满足来补偿内心情感的歉疚。殊不知，正是在这种物质补偿中，这些孩子的兴奋点更多地转向了关注物质享受、关注时尚品牌上，享乐意识日益强烈。孩子的兴奋点已不在学校生活中。这样一些孩子在行为上就会十分懒散，性格上变得任性……

也有一些家长，因为以前教育方式不当，父子（或母子）关系曾有些不和谐，考虑到要尽可能缓和父子（或母子）关系，教育孩子时，逐渐没有了原则，更缺失了必要的批评与校正。长此以往，孩子的负面性格日益凸显。更可怕的是，孩子总认为，自己的思维、行为一切都是对的，一切都是父母的错。由此，孩子更加自以为是、我行我素……

我想对年轻的父母这样说，在家庭生活中，不要满足孩子的所有物质要求。生活中，要适时、适度地对孩子说"不"，更不要让孩子过与年龄不符的享乐生活。在每天的生活中，父母必须高度警觉：孩子的任性是否在日益滋长？

现在，有不少的孩子们习惯了在家庭生活中"呼风唤雨"的主尊地位，"唯我性"思维强烈。由于独生子女的缘故，也有一些孩子在成长中缺失了兄弟姐妹相互照顾、搀扶成长的过程体验，更缺失了"孔融让梨"的关爱与谦让。

我曾看到这样一份报道：一位妈妈想生二胎，于是与12岁的儿子商量。孩子说，你们要生第二个可以，但你们得给我写个协议，保证弟弟妹妹出生前的全部财产归我。

高二一位班主任老师告诉我，他班里有位学生，父亲在外打工谋生，母亲体残且患病，家庭极端贫困。但这位学生不仅学习不认真，且极为任性，听不得老师或同学的批评，动则以"我不读了"相威胁，父亲、母亲好言相劝，孩子张口就来："你们这么穷，为啥还要生我，生了我，又不给我好的生活……"其母常掩面哭泣。

班主任在与父母的交流中了解到，孩子出生时，父母年龄已偏大，家境又不好，所以从小父母就对其疼爱有加，总是竭尽所能，满足孩子的任何要求，渐渐地，形成了孩子极为偏执、任性的性格特征。

孩子一旦养成了任性的习惯，性格就会发生不良变化，一切以自我为核心，不守纪律，不受约束，想干啥就干啥。有的孩子变得心胸狭隘、性格孤僻、目中无人。这样的任性，不仅影响到个人的进步与发展，而且使他们很难立足于世，在感情生活与人际关系相处中往往成为"孤家寡人"。

有些父母容易混淆个性与任性两者的概念，把任性误解为个性。孩子不守纪律，不讲道理，还觉得高兴，认为孩子有个性，加以肯定，甚至给予赞美。这样的教育会使孩子陷入迷茫，分不清是与非，辨不出美与丑。在学校、在家中，全由着性子来；有了缺点，父母讲不得、老师说不得，稍受一点委屈，就接受不了。

我好多次在学生会议上对学生说，在不利学生成长的关键词中，有一个词叫作"任性"，其表现在思维和行为上非理性的固执。我也常对家长讲，必须充分认识到任性是一种陷阱，而个性则是个人的一种强势智慧，个性往往是一个人发展的高度所在。

任性的滋长是父母宠爱（或长辈溺爱）的结果。其表现在，过分地宠爱孩子，对孩子的无理要求不加以约束，放之任之，总生怕孩子受到委屈，或是以不正常的标准看待孩子，把孩子的缺点也看成是优点，孩子越是任性，就越是感到得意，觉得孩子有个性。这种溺爱和错误的认识，对孩子的健康成长十分不利。

当我们较早地发现自己的孩子出现"任性"问题时，建议采用以下方法：一是习惯纠正法。家长在生活的点点滴滴中，应予以适事、适时的引导，处处对孩子提出一定的规则要求，一旦孩子养成了良好的生活习惯，他就不会随意提出特殊要求。二是预防法。孩子的任性"发作"一般都是有规律的，当可能诱发孩子任性的条件临近时，要事先预测好，做好预防工作，可以事先约法三章，提出要求。三是严格法。孩子任性往往是抓到了家长的弱点。家长越怕孩子哭，孩子越哭个没完；家长越怕孩子满地打滚，孩子就偏在地上滚个没完。家长面对孩子提出的不合理要求，应该是温柔地坚持，不管他怎么哭、怎么闹，绝对不能有任何迁就的表示。态度要坚决，行为要坚持到底。

个性与任性的界限在哪里？最根本的一点是合乎理性。理性是分界线，行为丧失理性，就会变调、变味、变质。失去理性的行为，强调自我意志，走到唯心一端，就将陷入任性的泥潭。

生活中，要让孩子清晰地认识并不断固化规则意识。每一个人都生活在群体中，凡事皆有度，语言、行为都要有限度、有克制，不能跟着感觉走、由着性子来，更不可肆意妄为。刻意与一切世俗、规则决裂，陷入哲学的片面、思想的固执、作风的蛮横、行为的怪癖和言语的另类，绝对不是个性的彰显。

在对很多孩子的观察中，我得出如下结论：幼时（学前、小学时期）家长对孩子行为的培育与放纵将形成两种人生。

请看胡晓南在《问题家庭面面观》中的一段剖析：

简单认为父辈吃苦太多，不能再让孩子经历"艰苦岁月"，孩子的一切要求，甚至无理要求，都一概满足。这种畸形的爱把孩子培养成自私、蛮横、孤高、难以接近之人。在这种放纵、一切以自我为中心的环境中成长起来的青少年,胆大妄为,稍遇不顺心之事,便会全面爆发,走向极端,而且不计后果,干出伤天害理之事。例如:董某,16岁,父母为工程师,他从小娇生惯养,被爷爷、奶奶视若掌上明珠。父母只关心其饱暖,心情是否舒畅、愉快,高档玩具是否齐备。加之董某从小就是电视迷,暴力、凶杀、谈情说爱的内容充斥他小小的脑袋,那些杀人不眨眼的"高手"、欺骗女性的"专家"都成为他心目中的"英雄"。刚上小学的董某便成为劣迹学生中著名的"烟客",刚上初中的董某便成为劣迹学生中著名的"英雄"。在同学中,董某一不顺心,张口就骂,举手就打,性情骄狂到极点,不能有丝毫束缚。虽在家有求必应,需要不需要的东西应有尽有,但董某从小培养的占有欲随着年龄的增长而膨胀,无法遏制。从旷课、打架斗殴到辱骂老师,进而打群架、偷窃。自己没有的要偷,自己有的也要偷,偷"瘾"难除。最后终因在客车上偷窃被送进了少管所。

在溺爱中长大的孩子容易任性、厌学、贪玩、自私、怕苦、生存能力差、人际交往能力差,稍有不适,就以为天塌了。严重溺爱通常会造就行为习惯不良型和厌学型"问题学生",如果加上其他因素,也可能产生心理障碍型"问题学生"和品德不良型"问题学生"。

孩子任性,从心理学的角度来看,是个性偏执、意志薄弱和缺乏自我约束能力的表现。一般说来,童年的孩子由于心理发育还不成熟,对许多事情缺乏认识和判断能力,多少都有点任性。

美国儿童心理学家威廉科克的研究表明,孩子任性同时也是一种心理需求的表现。他指出,随着心理发育,幼儿开始逐渐接触更多的事物,并仅凭着自己的情绪与兴趣参与,而不管这些事物是否对他适宜、有利。所以,当孩子的任性已发展到一定程度时,就有必要加以纠正,孩子任性的心理得不到纠正的话，会妨碍孩子的心理的正常发展。如果孩子任性发展到成为习惯，成为性格特征，那大多是家长不加约束、放纵教育的结果。

在讨论了家庭教育中必须把握的若干方向问题后，我想提醒年轻的父母：你们真的了解今天的孩子吗？

今天的孩子们处在一个物质生活富裕、互联网发达、文化多元的时代，他们的成长环境已发生了巨大变化，了解他们的心理和精神需求是家长对孩子进行教育、引导的基础。面对今天的孩子，我常有这样的感觉：今天的孩子视野开阔、知识丰富、思维活跃，但深入孩子之间，我又总觉得今天有好多的孩子好像缺了好多东西。下面，我们进行分析。

不缺知识缺素养：央视《对话》栏目曾做过这样一期节目，让美国12名总统奖学金的获得者和中国的北京大学、清华大学、香港大学等著名大学录取的优秀学生回答同一个问题：从智慧、权力、真理、金钱、美中选取一个词代表自己的价值观。美国高中生一致选择了真理或智慧。但中国高中生除了有一个人选择了"美"之外，没有一个人选择真理和智慧，有的选择了财富，有的选择了权力。

除此之外，中美学生针对非洲贫困儿童制作的援助计划，也存在着极大的差异。中国学生的方案从中国悠久的历史入手，从歌颂丝绸之路、郑和下西洋到吟咏茶马古道，随后便是一场文艺演出。但是对非洲的援助计划却轻描淡写地一笔带过，只说组织去非洲旅游，组织募捐，还去非洲建希望小学等。一个留美的华裔作家发问："你们募捐，要我掏钱出来，首先你们的整个援助计划得打动我，我还要知道我的钱都花在什么地方，我捐出去的每一分钱是不是都真正发挥作用了。"面对作家的发问，中国学生面面相觑、无言以对。

而美国学生的方案便从非洲目前的实际情况，比如教育、就业、食物、饮用水、艾滋病等一些看起来很细小的实际问题入手，规划每一项做什么、准备怎么做，甚至具体到每一项预算都准确到几角几分。他们对于非洲社会的了解，对已有的援助现状的了解，都深刻而全面。他们每个人分工明确，又融成一个整体，整个援助计划拿来就可以用。

当学生该展现出理想和精神的崇高的时候，他们却追逐金钱和权力；当他们该立足实际，脚踏实地解决问题的时候，他们又吟诗弄赋，在实际问题的外围不着边际地轻轻飘浮。这样的情况应该引起我们的重视。如果没有正确的价值观引导，他们会在前行中迷惘，而没有实际的处理问题的能力，也会在现实面前一筹莫展。所以，引导孩子们树立正确的价值观和人生理想，在实践中脚踏实地，这是家庭、学校、社会都必须承担的教育责任。

不缺智商缺情商：随着经济、医疗、教育水平的提高，优生得到了保证，今天的孩子都很聪明伶俐。但总能看到，有些孩子的人性、人品没有得到同步发展。"药家鑫案"就是一个典型的案例。"人之初，性本善"，为什么会出现药家鑫这样既缺失了善良，更缺失了人性的大学生？不能不说，一些家庭教育重视了数理化，却忽略了人文教育。

我们还可以看到，越来越多的年轻人向往过奢华的生活，追求名牌、汽车、豪宅，但他们对自我的认识严重不足，对付出与得到的关系认识不足。由此，这些孩子生活在虚幻中、生活在埋怨中，也由此产生了种种问题。这种现象与家庭的引导、家庭文化的熏陶不无关系。

不缺幸福享受缺体验性成长：香港理工大学陈玉成教授在天一中学召开的全国第十届英才教育研讨会上这样说：要清楚地告诉孩子们，一步登天是不可能的。台湾师范大学陈昭仪教授则这样告诫：过分开心等于"安乐死"。许多家长尚未认识到，生活中无微不至的关怀不仅削弱了"自立"，过度的溺爱还滋长了任性，有求必应的物质满足使孩子们不仅不懂得什么是幸福和应该如何去追求幸福，还会缺失自我责任感和人生追求。自私、任性、脾气大、缺乏毅力、缺少责任感等问题就产生了。

好多家长没有认识到，生活本身就是一门课程，而这一门课程学习的最大特点是体验性，这远比灌输式的说教要深刻。

观察周围的家长，他们给孩子盛饭、喂饭，全然没想到养成了小家伙懒得动手、挑食、厌食的习惯；因为家长过于处处照顾，所以孩子稍不如意就撅起嘴来发脾气；因为事事替孩子考虑好了，所以孩子一遇事就会指望和依赖家长；因为孩子缺少与同龄人之间的游戏、交流，所以他慢慢变得自私、胆小、霸道，和同龄人不合群。

《中国教育报》曾刊登浮云先生的一篇文章，其中有这样一段：

前几天报纸上看过一则新闻：都是因为妈妈太"勤快"，大学生吃面竟然不会自己拌！我脑中又浮现出很多家长的样子：孩子已经四五岁了，家长还一口一口地喂孩子吃饭。"没办法，他吃得很慢，我怕他吃太少……"家长一边这样说，一边继续拿着汤匙往孩子嘴巴里喂饭！

看到这样的场景，不禁要替孩子担心：从小都有人帮他把一切做好，孩子不用自己去思考接下来要干什么、东西放哪里，反正有人会像24小时贴身管家照顾他，孩子只需衣来伸手，饭来张口。

家长看似疼爱孩子，实际却阻碍了孩子的成长。家长表面的勤快，却剥夺了孩子独立尝试和探索的机会。孩子希望自己动手，家长却不尊重孩子独立发展的愿望，"自作主张"地包办代替。家长因此产生了很大的成就感，觉得尽到了父母的义务，但留给孩子的，却是无法自己动手、无法为自己负责、无法自由探索的失落和无奈！

我们对孩子的不了解，导致了不尊重，行为的惯性又让我们自我陶醉，认为自己帮助了孩子！殊不知，孩子并不需要、不希望这样的帮助。这种帮助，是孩子成长的障碍！这个障碍包裹着爱的外衣，让孩子难以挣脱。

生活教育到底有多重要？那年暑假，应加拿大多伦多大学邀请，我和10多位校长们在多伦多大学学生公寓里面住了12天，深度考察多伦多大学。多伦多大学的一位教授给我们看了一段视频，是留学生宿舍情况的影像。加拿大多伦多大学一位教授用了一个词：不能容忍。他还告诉我，多伦多大学曾经有一个女孩，到校的第二周想自己做饭，因为以前基本不做家务，根本不知如何用刀，在切鸡时一刀把自己的大拇指严重剁伤了，半年都不能写字。

当我们看到，许多孩子没有基本的生活能力，我们除了郁闷外，是否应该有更多的自责。怪谁呢？单单怪孩子们吗？答案是否定的。在我们的家庭教育中，确实缺失了生活课程的教育，也缺乏了自主、自立、自律的养成教育。

好多次出访，我都在机场看到，国外的爸爸妈妈拉着一个大拉杆箱走在前面，而孩子拉着一个小小的拉杆箱紧紧地跟在后面。每当看到这种情景，我常常思考，什么叫教育？什么叫自主？它应该在生活中体现，应该在孩子成长的每一过程中呈现。

我们必须看到，在独生子女的家庭中，老一辈对孙辈物质生活的关注，对孩子的溺爱，已成为孩子自由成长、健康发展的阻碍，"家庭小皇帝"正成为一种较普遍的社会现象。部分孩子非智力因素的发展已与知识技能的发展极不对称。《永远的较量——中日少年探险夏令营》一文，引起了全社会对家庭教育的讨论，使全社会对孩子们的现状产生了深深的忧虑，也有了一些反思。但"隔代亲""再苦也不能苦孩子"等中国传统文化观念仍在深刻地影响着家庭教育行为。

我们十分忧虑地看到，今天的一些孩子对中国传统文化中的优秀理念，如勤俭、坚韧、艰苦奋斗已缺乏理解与认同。一部分孩子追求的是高消费，追求时尚与品牌，当他们大把地消费着父母辛苦赚来的钱时，他们心中已完全不懂得尊重与珍惜父母的劳动所得。他们更没有感动与感恩。

端木先生在《谁对你的孩子负责》一文中这样写道：

> 我曾读过英国专门培养贵族子弟的著名学校"伊顿公学"的介绍，当时大吃一惊。这所盛产首相、议员的学校，给贵族子弟们提供什么样的教育呢？学校设在乡村，哪儿也去不了；睡硬板床，冬天也不许关窗户；连续数天在森林里野营；让人精疲力竭还必须咬牙坚持的体育运动；彻夜苦读，连续几小时的辩论；为穷人无偿服务；等等。一句话：贵族子弟们似乎在这所学校里受尽了"苦难"——英国贵族们用不菲的学费，就是要买这种教育！英国的威廉王子，高中毕业后也并没有直接进入牛津、剑桥，反倒去南美一个国家干了一年的苦力。近期又闻，威廉王子将赴伊拉克服兵役……
>
> 如今，美国百万富翁后代的"命运"已大不同从前了：越来越多的美国富翁已经明确表示，不会把财产全数留给下一代。美国首富比尔·盖茨就曾不止一次地公开表示，他留给后代的财产不会超过1亿美元，因为他希望他的子孙要像一般人一样生活，不要染上"富裕病"。
>
> 现在越来越多的人在关注"富二代"的教育问题。比尔·盖茨在斯坦福大学的演讲对此做了很好的诠释："我告诉子女们，他们不会从我这儿得到财富。早在生儿育女前我就信奉大多数财富都应该回馈社会。越早让子女了解世界的不平等，越早鼓励子女到贫穷国家去接触当地人，对孩子的成长越有帮助。"

我一定要提醒年轻的父母，倘若一个孩子没有正常的童年成长生活体验，可能他就不会有生命的高度。所以，经济富裕以后，也一定注意，绝对不能让孩子提前享受人生财富，提前过该年龄段不应有的生活。

在家庭教育的问题上，还有一个问题也是需要讨论的——你明白"关注成长"与"关注成功"的差异吗？

我们一起来认真思考这样一些问题：

当孩子刚刚踏入学习生活的时候，你是以分数、名次引导自己的孩子，还是更关注孩子今天是否比昨天有进步？

当孩子在学习中感到快乐时，你是欣赏性倾听孩子成长的喜悦，真诚地给予鼓励，还是仅仅敷衍孩子，甚至没有耐心听完孩子喜悦的表白，就习惯性地一盆冷水"你别骄傲，没有什么了不起，你班的张三数学可比你厉害多了，你班的李四作文远比你写得好……"？

当孩子在学习中遇到挫折，你是认真地倾听孩子的诉说，耐心地与孩子一起分析原因，提出一些解决问题的方法，以智慧的双眼帮助孩子找到潜在的闪光点，还是揪着孩子痛骂一顿或"父母联合双打"……

正确的做法应该是，在孩子起步时，我们需要引导孩子发现知识本身的乐趣，而不是纠缠于知识背后承载的虚荣与压力。孩子的学习热情或许会有反复，但家长需要一颗平常心，需要有足够的耐心，关注孩子成长的过程，而不仅仅去巴望那个考试的成果。

我们一起来阅读以下几个不同的范例：

小陆是高中一年级学生，过去还经常去妈妈单位，现在根本不去了，而且，回家很少跟父母说话。每次放假回家，就把自己关在自己的房间里，不愿意和父母一起去走亲戚，父母非常郁闷，不知道孩子怎么了。后经了解，孩子不愿意跟父母多交流，主要是因为妈妈经常把他跟单位同事的小孩比较，而他总是一个"丑小鸭"的角色。"为了不让妈妈在单位同事面前抬不起头来，我还是回避的好"，小陆表情很冷淡地这样说。

有调查显示，大多数学生（60%以上）的烦恼是父母和亲朋好友攀比子女的考分。父母的这种做法不仅会影响孩子的心情，而且对孩子性格的养成也很有影响。家长的攀比情绪如果得不到很好的控制，可能会激发孩子的逆反心理，甚至可能导致孩子离家出走等行为。

高三的小许出身于书香门第，爷爷辈就有人留学海外（爷爷是清华的学生），父亲辈更是人才济济（仅大学教授就出了两位，父亲是一位有成就的工程师），和他同辈的表哥表姐也有不少上了名牌大学。父母对他的要求非常高，经常说的话是"绝不能比姑姑伯伯家的孩子差，录取的高校也一定要比他们有名""不去哈佛大学，也要向清华、北大冲刺"。父母在家时，经常和他讨论哪个名牌大学现在更有实力，还不时打电话给在名牌大学读书的侄子、侄女，请教上什么专业好。小许感觉快要崩溃了，觉得父母不关心自己的生活状态，不关心自己的感受，只要求自己超过别人，而且只能成功，不能失败。他们常说："你要是考不上，我们的脸往哪儿搁。"要是自己学习成绩稍有起伏，父母就会说："你总不会比××还差吧……"有时，母亲在万分焦急和沮丧时还会流下伤心的泪水，开始唠叨她小时候是如何优秀，父亲小时候是如何出色，数落他现在是如何不认真，如何让父母失望，如何不能体谅父母的一片苦心……

"金矿"总在别人家中，这种想法绝对是家庭教育中的一种低级错误。这类父母没有意识到，每个孩子都是独一无二的，不具有可比性，每个孩子都应该有个性化的成长路径。家长往往会拿自己孩子的弱点去对比别人孩子的优点，这对孩子是不公平的，因为得出的结论总是自己的孩子不聪明、不用功、不争气。这种攀比性的否定，最大的危害是使自己的孩子丢失了成长的自信和学习的热情。

我们来看一个正确做法的范例，请年轻的父母进行阅读，以便获得一些启发。我校一位班主任老师长期观察一个同学，记录了他的变化与成长：

田同学是在小学五年级的时候考入天一中学少年班的。

天一中学少年班强手如林，个个都是小学里的佼佼者。田同学考进天一少年班时，与小学时始终是班级第一、年级第一的感觉相比，落差很大。面对如此大的落差，他的妈妈鼓励他说："这是好事。第一，说明你的对手很优秀，你能学到很多。第二，留给你的进步空间很大。"

每个人都可能会面临挫折与困难，但每个人随后采取的应对方式却不同，这就显示出人与人之间的差异。在所有学科中，田同学感到最困难的就是数学了。在入学以后，数学成绩一度不理想，有一次，甚至考了全班倒数第一，沮丧之中，他对自己的信念开始动摇。

他的妈妈又一次站在他的身后，对他说："不要难过，我相信你，虽然这次是倒数第一，但是，你不会退步了，只有进步的份了，班级第一名在等着你呢！"

想象中的责骂没有出现，田同学一颗悬着的心终于放下了。接下来，他开始正视自己的弱点，自我钻研，天天和同学老师讨论问题，强烈的学习欲望在他的心底升起。他不再考虑成绩的得失，没有了后顾之忧，全身心投入神秘的数学王国之中。在老师的指导下集中精力攻克竞赛题，最终夺得了省数学竞赛一等奖的好成绩。

数学成绩上来以后，他的总分也逐步上升，中考时，以年级第二的成绩考入天一中学高中部少年班。在高中阶段，成绩稳定在年级前五名，也得过年级第一名，高考后顺利进入了北京大学。

家长无法替代孩子的成长，家长应该做的就是像田同学妈妈那样，默默站在他们的身后，帮助他们唤醒自信，永远对孩子的成长充满希望，乐观等待，并予以热腾腾的鼓励。这才是最重要的。

美国前总统奥巴马的妈妈在奥巴马幼时对他说："天上有很多星星，最亮的一颗星星就是你。"奥巴马的妈妈当时不会想到自己的儿子将来会当总统，会获得成功，万人瞩目，但在他妈妈心里，孩子就是最亮的星星。这句话不仅温暖了年幼的奥巴马，也同时在小奥巴马心中埋下了努力向上的种子。

有些父母出身普通，学历不高，工作也普普通通。这类父母更容易有"盼之切"的企望。因自己尝尽了生活的种种艰辛和贫寒生活的窘迫，迫切期待孩子通过读书出人头地，改变现状。于是，在家庭教育中，父母不顾孩子的基础，错误地提出不恰当的目标定位，给幼嫩的孩子的心中播下"只许成功"的种子。这类孩子肩扛石磨般的重压，一旦心理失衡，信心全面崩溃，觉得无颜见"列祖列宗"，一些悲剧性的事件就由此发生。也有一些父母因职业、地位、经济收入的不理想，总觉得亏欠了孩子，于是自己省吃俭用，拼尽全力支撑孩子的虚荣。但是，往往有限的财力很难满足孩子无穷无尽的欲望，因此，他们对孩子百般迁就。这类孩子往往瞧不起自己的父母，自己又极不努力，他们渴望"中大奖"，他们总是抱怨命运不公、抱怨社会不公。

我想对年轻的父母说，在孩子成长的过程中，家长一定要坚信"方向远比方法更重要"。

忠告七：大树底下好乘凉，但大树底下长不出另一棵大树

俗话说：大树底下好乘凉。但还有一句，更是必须要记住的，即大树底下永远长不出另一棵大树。

今天，在很多家庭，父母忙于工作，孩子的生活甚至学习基本由老一辈关照。"隔代欢喜"的人类定律使孩子生活在老一辈无微不至的照顾、保护之下，一些孩子的父母反而成为孩子成长的"圈外人"。在生活过程中，长辈的养育取代了父亲的教育，长辈的呵护代替了妈妈的关爱，童稚的儿童生活在老一辈营造的"绝对顺境"与"无限自由"之中，任性、自私、脾气大等成为老一辈"圈养"下的独生子女普遍的性格特征。

在"非常6+1"（6是父母、爷爷奶奶、外公外婆）的家庭中，许多长辈对独生子女滥施感情，过度溺爱，百般迁就。温室般的"圈养"滋长了孩子的娇气，无限溺爱纵容了孩子的蛮横，包办代替导致了孩子生活不能自理、目标和规划意识的丧失。"6+1"的聚焦自然强化了孩子自我中心的意识，"圈养"的生活削弱了孩子向上成长、独立成长的坚强意志。

我一定要提醒，如果孩子缺少了一个正常的人应有的性格素养和道德规范，那他自然就容易走向"心理残疾"，甚至成为生命的"易碎品"。

结合40多年的教育经历，我分析了一些"任性孩子""问题孩子"的家庭生活，我清晰地看到了"隔代教育"的严重影响。许多长辈们对孙辈

的呵护真是达到了"含在嘴里怕化了，捧在手里怕摔了"的地步。我很多次看到孩子的父母与爷爷奶奶、外公外婆在孩子教育方式上的激烈争论。其实，并非爷爷奶奶、外公外婆一定不懂得该如何教育孩子，但"隔代欢喜"的亲情已颠覆了所有教育原则。"顺从"与"满足"已成为长辈的一种普遍行为。必须要警惕的是，这种幼时的全方位满足和不讲理性的顺从一定会滋长孩子的任性心理，而这可能会"扭曲"一个孩子的性格。

有位孩子从小由爷爷奶奶抚养，和爷爷奶奶感情甚笃，中考以优异成绩考入了天一中学，但爷爷奶奶坚决不同意孩子寄宿，儿子媳妇无奈之下，就在学校附近租借了一套房子，爷爷奶奶搬入伴读。开学一个多月，爷爷奶奶找班主任说，希望让孩子在家进行夜自修，班主任把此事通报父母。妈妈认为在教室里进行夜自修氛围更好，还可以随时与同学交流，随时可以请教老师。奶奶则认为在家里上夜自修更好，孩子想吃什么，他们马上可以做。又一个月过去，班主任几次发现孩子上课迟到，询问孩子，孩子说爷爷奶奶总是把他的闹钟关了，想让他早上多睡一会儿。学校组织20公里拉练训练，奶奶代孩子请病假。班主任电话联系后才知道，其实是爷爷奶奶舍不得让孩子走这么多路。孩子的父母意识到自己的孩子越来越缺乏独立性，生活态度越来越懒散，生活中的良好习惯正在丢失。他们希望我出面做做老人的工作，我约见了这对老人，在老人的倾诉中，我深感老人对孩子的深情。与两位老人交流时，我了解到两位老人很善良，饲养了猫、狗等小动物。因此，询问老人，在纪录片《动物世界》中有没有看到动物出生以后，动物的父母都会十分辛劳地照料着幼小的后代，保护着孩子们的安全，但当动物长到一定程度，父母都会驱赶孩子离开。因为动物知道，在自然环境中，独立才会强大，强大才可能生存。我对两位老人说："你们意识到否，在你们的百般呵护下，孩子的性格、习惯上已存在问题了？与同学们相比，你们的孙子已明显缺乏生活的基本能力，你们的孙子与同龄人相处的能力已相对薄弱，你们的孙子意志力较弱。"

看得出来，对于我的建议，老人还是接受的，但过后，他们对孩子爱的方式并没有发生大的变化……

亲爱的长辈，在孙辈的成长中，一定要理性，你们应该把教育的责任还给孙辈的父母。你们可以爱孙辈，但绝不能溺爱，当你们的儿子媳妇在教育孙辈时，你们绝对不能以保护者的身份"挺身而出"，更不能袒护、纵容。

我想这样说，只要有一点可能，幼童的成长性养育，幼童的生活关怀，尤其是孩子的生活课程，年轻的父母一定要自己承担这种教育责任。因为生活过程就是孩子素质的形成过程，生活过程就是孩子的成长过程。

忠告八：网络是工具，不是玩具

我想先摘录一段无锡狄邦文理学校的家长韩妈妈写的一段文字：

我看到因为孩子过度依赖电子产品，而让原本美满幸福的家庭变得破碎。曾听说，正在玩游戏的儿子因为被父亲拔掉游戏插头，而对父亲拳脚相加；某中学生在连续通宵玩网游后猝死；网瘾少年被母亲拒绝买车，连捅母亲数刀后自己跳楼身亡；只因不让玩游戏，父母抢走手机后，14岁少年拿刀砍伤自己。是什么造成了孩子沉迷、依赖电子产品？我们有哪些办法避免这些悲剧的发生呢？

心理学家阿德勒认为："孩子的首要目的就是追求价值感和归属感，然而有时候，他们对于如何达到自己目的的想法是错误的。当他们无法在他们目前的生活学习环境里获得归属感和价值感的时候，他们便会设法从其他途径去获取，比如电子游戏，沉溺在看似美好的网络世界里，不愿意去面对现实的困难，然而越不愿意面对，他们的能力便会更差。"

当孩子开始依赖电子产品带来的快感，他们就不会去培养那些重要的感知力和技能，他们更加无法在现实生活中获得价值感和归属感，他们便会更加依赖电子产品给他创造的美好幻觉，这会成为一个恶性循环。这种过度的依赖就像一种精神上的毒瘾，会给孩子和家庭带来非常大的隐患。

当然，电子产品还会造成孩子近视、肥胖、不喜欢书本阅读、不喜欢运动、不喜欢社交等不良影响。

请看这样一篇文章：

有些学生上课不听课，用智能手机追剧、打游戏、刷微博、聊微信……这些让老教师越来越看不懂的现象着实让人感叹：智能手机让大学教育"水"了。也有网友感慨，"好多学生手机流量噌噌长，学业能力负增长"……

曾有一位家长找到我，希望能帮助他的有网瘾的孩子。这位父亲告诉我，他的孩子假期中每天上网十个小时以上。孩子到了我办公室，我问他早上几点起床。他说十一二点。我问每天是否不吃早饭。他说晚上睡得晚，早上实在爬不起来。我问晚上干什么。他说上网。我说在网上做什么。他说玩游戏、聊天、看电影。我建议他从明天起，每天运动一小时，学习两小时，网上时间减少三小时。他摇摇头。我说减两小时呢。他摇摇头。我说先减一小时呢。他勉强点点头。但后来我了解到，这位孩子并没有改变……

在长期的学校管理过程中，我们已清楚看到了许多原来优秀的孩子因为迷恋网络走向"一般"，甚至成为"问题孩子"。可以确认的是，如今孩子的生活已不可能离开网络、电脑、手机。所以，如何引导孩子懂得"网络是工具，不是玩具"，已成为家长的重要责任。如何引导孩子懂得上网要有"度"，更需要家长的示范和教育。

越来越多的家长、老师、学校重视孩子们的手机管理、上网引导。教育行政部门也高度重视这方面的管理。教育部办公厅正式印发了《关于加强中小学生手机管理工作的通知》。

但我们分析一些优秀学生的成长，可以明确地看到，他们对使用手机、对使用网络都有自己清晰的认识。

2015年天一学子浦安琪被杜克大学录取，离开学校前，她写了这样一篇文章：

平时喜欢读书的学生都是有前途的，这是天一中学老师们的一个共识。

我从小就喜欢读书，喜欢哲学、社会科学和政治学方面的书。我比较喜欢的是《庄子》，存在主义的代表萨特、康德以及黑格尔的书。

虽然没有细算，但是我估计从小到大已读了超过1000本书了。

我不仅爱读书，而且还读得非常快，寒暑假几乎每天都能读完一本书。其实最主要还是要远离手机、电脑，不要老是"神游太虚"，一天到晚好像都很忙，但其实都不知道自己做了什么。

在2022年高考中，一对无锡江阴的双胞胎兄弟曹业淳、曹业涵双双被清华大学录取。除了学习外，兄弟俩还爱好绘画和二胡，素描和二胡分别考过了专业考试十级。这两个大男孩平常还喜欢运动，打乒乓、游泳也是一把好手。

兄弟俩有一个高效学习的小秘诀，那就是远离电子产品。曹业淳、曹业涵平常喜欢阅读，《读者》《青年文摘》《扬子晚报》是兄弟俩的日常读物；空闲时，二人时常去图书馆看书。据曹妈妈王萍介绍，兄弟俩不上培训班，会自己去书店读书钻研。在传授学习心得时，二人表示："学习效果并不完全取决于时长，更重要的还是取决于质量。在学习上，没有什么事情是可以一蹴而就的，真正的成功都是积累的结果。"

我建议，年轻的父母应该把浦安琪、江阴双胞胎的故事讲给孩子们听，让他们懂得，面对网络、面对手机，如何进行正确选择，做好时间管理。

当然，家长一定要认识到，在孩子们的成长中，父母的示范和引导是极为重要的。请看苏州市教育质量监测中心借助大数据得出的答案：

家长在孩子面前越少使用智能手机，孩子使用智能手机的时间就越短。

将家长在孩子面前使用手机的频率分为"从不使用""偶尔使用""经常使用""几乎不离手"四类。

分析发现，家长在孩子面前使用手机的频率越低，孩子每周使用智能手机的时间也越短。

家长在孩子面前"从不使用"智能手机，孩子平均每周使用智能手机时间为 2.22 小时；家长在孩子面前手机"几乎不离手"，孩子平均每周使用智能手机时间为 5.36 小时，两者相差 3.14 小时。

家长对孩子电子设备使用的管理度越高，孩子使用智能手机的时间越短。

将家长对孩子电子设备使用的管理度得分由高到低进行排序，并划分为四个水平（人数各占 25%，分数前 25% 为水平 I，后 25% 为水平 IV）。结果显示，家长的管理度越高，学生每周使用智能手机的时间越短。

以七年级为例，家长管理度在水平 I 的学生平均每周使用智能手机的时间为 2.33 小时，比家长管理度在水平 IV 的学生平均每周使用智能手机的时间短 2.78 小时。

智能手机使用时间短，手机依赖程度轻的学生学业成绩更好。

分析发现，在周一到周五，每天使用智能手机在 0.5 小时内的学生平均学业成绩为 519 分，比每天使用超过 3 小时的学生平均学业成绩高出 108 分。

在周末或假日，每天使用智能手机在 1 小时以内的学生平均学业成绩在 510 分以上；每天使用超过 3 小时的学生平均学业成绩为 460 分。

这表明，智能手机使用时间短的学生学业成绩更高，而且平时使用智能手机的时间与学业成绩的关联性更大，而周末使用智能手机的时间与学业成绩的关联性略小一些。

将手机依赖得分按照从高到低的顺序依次划分为四个水平（人数各占 25%，前 25% 为水平 I，后 25% 为水平 IV，水平 I 表示依赖程度最轻，水平 V 表示依赖程度最重）。

结果显示，手机依赖程度轻的学生，学业成绩更好。以七年级为例，手机依赖程度处于水平 I 的学生平均学业成绩为 527 分，手机依赖程度处于水平 IV 的学生平均学业成绩为 474 分，两者相差 53 分。

有许多家长偏信偏听，认为西方学校对手机、网络是没有管理的，其实不然。请大家一起阅读深圳中学黄睿撰写的《美国一流学术性高中的课程特色——以乔特中学为例》，文中有这样一段叙述：

美国乔特中学（Choate Rosemary Hall）是一所闻名全美的一流学术性高中。

乔特中学每周只有 33 课时，每学期只能选 5 门课，这两个数字和国内大多数高中比起来都小得多。但乔特中学的学生并非每天只花少量的时间来学习。无论是下午的活动时间还是晚上，学生都在以各种方式从事学术活动，完成学习任务。

1. 学生为了完成课程中布置的作业（有很大的比例是课题研究），需要花大量的时间在图书馆查阅文献资料，撰写研究报告。

2. 学生经常需要利用课外活动时间来完成自己参加的课程计划所

要求的任务。

3. 对于占大多数的住宿生来说，学校还规定了19：30—21：00和21：45—22：30两个晚自习时段。在这两个时段看视频、玩游戏等都是绝对禁止的，学生必须待在自己的房间里，且只能从事学习这一种活动，只有经过教师同意才能离开房间去从事其他学术性活动、文艺类社团的排演或学生媒体的编辑。从19：30到21：00，所有宿舍必须保持安静，形成一种有利于学习的氛围。为了防止影响学习，全校范围内禁止使用手机。

这八条教育忠告是我从40多年教育心得中认真筛选总结出来的。之所以提这八条，一是因为它们的实践品质直接决定着孩子的成长品质。二是因为我认为这八条忠告在今天的家庭教育中具有较广泛的适用性，它们都是聚焦现实问题而提出的。

当然，一定要说的是，每个孩子是如此不同，每个家庭又是如此不同，绝对不会有一种方法"放之天下而皆准"。所以，这八条忠告仅供年轻的父母参考。最好的方法、最适宜的方法一定在你们自己的探索之中。

在本书结尾处，我想对所有年轻的父母这样说：家庭教育不仅需要决心，更要有方法，我的教育经历和众多学生成长范例研究告诉我，下面四句话在家庭生活中是必须时刻记住的：

陪伴是最基本的家庭教育形式；

倾听应该成为家长的基本习惯；

示范是家庭课堂的主要课程；

正确的方向指导是孩子走向优秀的基本保证。